心の理論を支える
ワーキングメモリの心理学
心を読みすぎる

前原由喜夫
著

プリミエ・コレクションの創刊にあたって

　「プリミエ」とは，初演を意味するフランス語の「première」に由来した「初めて主役を演じる」を意味する英語です。本コレクションのタイトルには，初々しい若い知性のデビュー作という意味が込められています。
　いわゆる大学院重点化によって博士学位取得者を増強する計画が始まってから十数年になります。学界，産業界，政界，官界さらには国際機関等に博士学位取得者が歓迎される時代がやがて到来するという当初の見通しは，国内外の諸状況もあって未だ実現せず，そのため，長期の研鑽を積みながら厳しい日々を送っている若手研究者も少なくありません。
　しかしながら，多くの優秀な人材を学界に迎えたことで学術研究は新しい活況を呈し，領域によっては，既存の研究には見られなかった溌刺とした視点や方法が，若い人々によってもたらされています。そうした優れた業績を広く公開することは，学界のみならず，歴史の転換点にある 21 世紀の社会全体にとっても，未来を拓く大きな資産になることは間違いありません。
　このたび，京都大学では，常にフロンティアに挑戦することで我が国の教育・研究において誉れある幾多の成果をもたらしてきた百有余年の歴史の上に，若手研究者の優れた業績を世に出すための支援制度を設けることに致しました。本コレクションの各巻は，いずれもこの制度のもとに刊行されるモノグラフです。ここでデビューした研究者は，我が国のみならず，国際的な学界において，将来につながる学術研究のリーダーとして活躍が期待される人たちです。関係者，読者の方々ともども，このコレクションが健やかに成長していくことを見守っていきたいと祈念します。

第 25 代　京都大学総長　松本　紘

目　次

はじめに　1
- 0-1. 人の心がわかりすぎて困る私たち　1
- 0-2. 《心の読みすぎ》の心理学　3
- 0-3. 本書を読み進める際の注意点　4

第1章　心を読む能力の発達とワーキングメモリ　7
- 1-1. 乳幼児期における心を読む能力の発現　9
- 1-2. ワーキングメモリと実行機能　13
- 1-3. 心の理論の発達とワーキングメモリ　19
- 1-4. 《心の読みすぎ》を招く"知識の呪縛"　23

第2章　大人の心を読む能力とワーキングメモリ　27
- 2-1. 幼児期以降も成熟する心の理論　29
- 2-2. 大人の心の理論におけるワーキングメモリの働き　32
- 2-3. 心の理論のワーキングメモリ説　39
- 2-4. 大人の予期せぬ移動課題　42

第3章　知識の呪縛と《心の読みすぎ》　47
- 3-1.【実験1】知識があると人の心を読みすぎる　49
- 3-2. 《心の読みすぎ》を招く知識の特徴　57

第4章　ワーキングメモリ負荷と《心の読みすぎ》　59

- 4-1.【実験2】読みすぎないときでも，ワーキングメモリへの負荷で読みすぎる①　61
- 4-2.【実験3】読みすぎないときでも，ワーキングメモリへの負荷で読みすぎる②　81
- 4-3.　知識とワーキングメモリの相互作用が生む《心の読みすぎ》　88

第5章　情報のインパクトと《心の読みすぎ》　95

- 5-1.【実験4】情報がワーキングメモリに定着しているときに読みすぎる　97
- 5-2.【実験5】目立つ情報のせいで読みすぎる　112
- 5-3.　情報の鮮明さと《心の読みすぎ》　126

第6章　思考の特性と《心の読みすぎ》　131

- 6-1.【実験6】知ったかぶりをする人は読みすぎる　133
- 6-2.　知ったかぶりは自分の《心の読みすぎ》　152

第7章　脳と社会に潜む《心の読みすぎ》　159

- 7-1.　本書の研究によってわかったこと　161
- 7-2.　心を読む脳が心を読みすぎるとき　164
- 7-3.　日常生活に潜む危険な心の読みすぎ　175

おわりに　183
引用文献　187
索引　203

はじめに

0-1. 人の心がわ・か・り・す・ぎ・て・困る私たち

　先日，初めて行った散髪屋で，「全体的に2，3センチ切ってください。あ，だけど，耳の後ろは見えないようにお願いします」と店員に注文した。私は耳の後ろの地肌が見えてしまうと，ひどく野暮ったく見えてしまうのだ。なので，いつもこのように注文する。散髪が終わって鏡で後頭部を見せてもらうと，事もあろうか，耳の後ろの地肌が不自然なほど思いっきり露出しているではないか！
　私は愕然とし，「耳の後ろが見えてしまってるじゃないか，どういうことだ？」と店員に詰め寄った。すると店員は，「耳の後ろの"髪の毛"が見えないようにって，あんた言ったじゃないか」と反論してきたのである。私はすぐさま，「私は"髪の毛"とは言ってないぞ。"地肌"が見えないように，というつもりで言ったんだ。ふつうに考えたらわかるでしょ」と言い返したかったが，私も大人である，言っても仕方ないのでやめた。私は不承不承に代金を支払った後，やり場のない憤りを抱えてぷりぷりしながら店を出た。私は，「自分がわかるように言ったら相手もわかってくれるだろう。いや，相手は自分の考えを十中八九わかっているはずだ」と，相手の心をわかりきったつもりになって髪型の注文をしてしまった。そのおかげで私は当分の間，格

1

好の悪い襟足が気になって仕事に集中できないという憂き目に遭ったのである。

　私たちは日常生活において，「えっ!?　君も知っていると思ってたよ！」とか「なんでわかってくれてなかったんだ！」と相手に言われて（あるいは，自分が言って），仕事上もしくは人間関係上のトラブルを開始することが多々ある。自分がそんなことを言われたときには，相手のことを「なんて理不尽な人だ！」と思い，軽い憤りを感じるかもしれない（あるいは，自分が相手にそんなことを言ったときには「なんて物わかりの悪い人だ！」と苛立ちを感じていることだろう）。

　なぜこのような事態が起こるのだろうか。少し冷静になって考えてみると，自分の考えや気持ちを，相手が自分の期待通りに共有してくれていなかったことが原因のようである。別の言い方をすれば，「相手は，自分の（考えや気持ちといった）心の状態を知っている」というように相手の心を推し量っているのだと言える。つまり，「自分の心＝相手の心」というように，自分の心を相手の心に完全に重ね合わせ，「相手の心は自分の心と全く同じだ」と思い込んでしまっているのである。相手の心が自分の心とぴったり一致するはずがないことは誰もが重々承知しているはずだが，私たちは自分の心を眺めているだけで相手の心を読んでいるように錯覚してしまう。自分の心を相手の心に不適切なほど過剰に帰属してしまい，本当は間違っているのに「相手の心は自分の心と全く同じだ」というように相手の心を読んでいる状態を，相手の心を自明なものだと思い込みすぎているという意味で，本書では《心の読みすぎ》と呼ぶことにする。

0-2. 《心の読みすぎ》の心理学

　《心の読みすぎ》は，知らず知らずのうちに自分の心の状態を極端なほど相手に投影してしまい，「あなたの心はわかりきっている」と思い込んでいる状態なので，実は相手の心が正しく読めていないことが多い。もちろん，「あうんの呼吸」という現象は存在し，逐一確認したり，丁寧に言葉を費やさなくても相手に自分の気持ちが伝わり，自分も相手の気持ちが理解できる場合がある。そのような「あうんの呼吸」の存在を否定するつもりは全くない。本書の目的は，なぜ《心の読みすぎ》という事態が起こるのかを一連の心理学実験を通して科学的に解明し，《心の読みすぎ》から生じるさまざまなトラブルの防止策を考えるための心理学的根拠を提供することにある。《心の読みすぎ》の原因やメカニズムが明らかになれば，それに対する適切な対策も考えられるようになり，対人トラブルの減少にもつながることが期待できる。

　心を読む能力が正常に働くためには，「ワーキングメモリ」という認知システムが非常に大きな役割を担っており，本書の半分以上はワーキングメモリが心を読む能力を支える仕組みの解明に費やされている。最近，ワーキングメモリという単語はテレビの健康番組や雑誌の健康特集記事などでもしばしば登場するので，心理学や脳科学の専門家でなくとも聞いたことがあるかもしれない。いわゆる脳トレゲームで鍛えると頭が良くなるかもしれないアレであり，認知症の最初期に衰えが見られるというアレである。しかし，ワーキングメモリはもともと心を読む能力のために特異的に機能する認知システムではな

く，一般的な言語・音韻情報や視覚・空間情報を短期的に頭の中に留めておくための記憶システムである。それがなぜ他人の心を読む能力に関わり，どのように《心の読みすぎ》を防いでいるのかを実証的に論じてゆくことが，本書の中心的な試みとなっている。

　本書の第 7 章で集中的に議論するが，《心の読みすぎ》は人間関係上の小さないざこざだけでなく，抑うつや社会不安，子どもの学力低下や，さらには医療現場における大きな事故にもつながりうる非常に重要なテーマである。それほど重要であるにもかかわらず，《心の読みすぎ》の心理的メカニズムを科学的に追究した書物は今までになかった。本書の内容はいくぶん専門的だと思われるが，本書の知見は私たちの日常生活に密接に関係している一般的な事柄である。本書の知見が，読者の日常生活における不要ないらいらを低減させ，ひいては世の中の大小さまざまなトラブルの減少に役立ってくれることを願ってやまない。

0-3．本書を読み進める際の注意点

　ここで，本書をお読みになる際に気をつけていただきたいことが数点あるので，以下に述べておきたいと思う。

　本書には，例えば「Baddeley (2007)」や「齊藤・三宅 (2000)」というように，人名の後に西暦年を併記した記述がたくさん登場する。これは，その人がその年に発表した特定の書籍や論文などの文献を表している。このような表記法は学術関連の文献内では一般的に使われており，本書でもそれを踏襲した。例えば，「……（Baddeley, 2007；齊藤・

三宅，2000)」と書いてあれば，「……という内容は，Baddeleyさんが2007年に発表した文献，および齊藤さんと三宅さんが2000年に発表した文献に書いていますよ」ということである。また，人名の後の「et al.」は，そのあとに続く複数の著者の名前を省略していることを意味している。そして，それらの文献に関する詳しい出典情報（書籍や論文の著者名とタイトル，論文が掲載された学術雑誌名と巻・号・頁など）は，本書末の引用文献の一覧にまとめてある。

　続いて，データの分析に関してお断りしておきたい。本書では，結果として得られたデータを分析するために，主に分散分析，t 検定，χ^2（カイ二乗）検定という統計的検定手法が使われている。統計的検定とは，ある条件で得られたデータと別の条件で得られたデータとの間に，意味のある差（有意差）があるか否かを検証するための数学的・客観的方法である。一見するとデータ間に差があるように見えてもそれが本当に意味のあるほどの差ではないかもしれないし，逆に差がないように見えてもそれが実は意味のある差なのかもしれない。意味のある差なのか否かを，「見た目には差がある！……と思う」と言うのではなく，誰もが納得できるかたちで数学的に客観的に示すために使われるのが統計的検定である。本書の中で「有意である」とか「有意な差がある」と言った場合，「条件間に実際にこれだけの差がある場合，意味のある差ではないと言わねばならない確率は，統計数理的に計算した結果，5％未満である。したがって，確かに差があると言っても差し支えない」ということを意味している。

　また，結果の部分では，例えば「$F(2, 149) = 6.34$, $MSE = 206.46$, $p = 0.002$, $\eta^2 = 0.078$」のような統計的計算結果，すなわち統計的検定量をページ下の注釈に記した。これは本書が心理学に馴染みのない人に読んでもらうことを目的としただけでなく，実証研究中心の科学

文献として学術的価値を保つことも目指したため，客観的証拠を明示するための補足的な意味で掲載させていただいた。本書を読み進め，内容を理解するうえで統計的検定量は重要な事柄ではないので，気に留める必要はないということをお断りしておきたい。

　以上で本書を読む準備は万端である。それでは，なぜ私たちは相手の心を読めていないのに，「読めている」と思い込んで疑わないという誤りを犯してしまうのか，その原因とメカニズムを心理学的に探究していこう。

第 **1** 章

心を読む能力の発達とワーキングメモリ

私たちは何歳ごろから人の心が読めるようになるのか？

心理学においては，心を読む能力のことを「心の理論」(theory of mind) と言うことがよくある。心の理論とは，自分や他者の欲求，信念，思考，感情などの心的状態を推測・説明する能力のことを言い (Premack & Woodruff, 1978)，発達的に子どもはいつ，どのように心の理論を獲得し，その能力を成熟させていくのかに関する膨大な数の研究が蓄積されてきた (子安・木下，1997; Wellman, Cross, & Watson, 2001)。本章では，乳児期から幼児期にかけての心を読む能力の発達を簡単におさらいし，他人の心を読むという高度な社会的能力が，短期的に情報を記憶するための認知システムであるワーキングメモリにどのようにして支えられているのかを見ていきたい。

1-1. 乳幼児期における心を読む能力の発現

赤ちゃんは生まれて間もないころから人の心に関係する刺激に敏感である (板倉，2007)。赤ちゃんは生まれたばかりのときでも，顔のように見える図形を意味のない図形よりも好んで見るという (Johnson & Morton, 1991)。生後3カ月ごろには人の視線の動きに反射的に反応し，方向を示す手がかりとして使うことができるようになる (Hood, Willen, & Driver, 1998)。そして早くも6カ月ごろには人の目標志向的行動を理解し始める。Woodward (1998) は，5カ月から9カ月の赤ちゃんに，左右2つの物体のうち1つに腕が伸びてきてそれをつかむ映像を飽きるまで繰り返し見せた後，物体の位置を入れ替えて，腕が先ほどと同じ物体（位置は異なる）をつかむ映像あるいは異なる物体（位置は同じ）をつかむ映像を見せた。その結果，赤ちゃんは異なる物体

をつかむ映像をより長く見ることがわかった。つまり赤ちゃんは腕の行動に目標志向性を見出し，単純に行動の空間的位置が変わったときではなく，その目標が変わったときのほうにより大きな興味を感じたのだと考えられる。さらに，9カ月から12カ月の赤ちゃんは，目標に向かって動作するエージェント（自律的に動く対象）が，最も効率良く目標に到達するための軌道を選ばずに効率の悪い軌道を選んで動くと，そのような動きをするエージェントへの注視時間が長くなる（Csibra, 2003; Gergely, Knadasdy, Csibra, & Biro, 1995）。つまり，赤ちゃんは9カ月ごろから相手の目標を理解し始めると言えるだろう。12カ月ごろからは，自分の行動に随伴して反応するエージェントが顔を向けた方向に自分も顔を向けるようになる（Johnson, 2000; Johnson, Slaughter, & Carey, 1998）。また，12カ月児は援助や妨害といったエージェントの複雑な行為の意味を理解し，他のエージェントを助けるエージェントを好むという（Kuhlmeier, Wynn, & Bloom, 2003）。以上のように，赤ちゃんは1歳ごろには十分に他人の心の中の意図や目標を認識しているのである。

　1歳を超えると，大人の声や表情から感情を読み取って，それを自分の行動に反映させることができるようになる。Repacholi（1998）は14カ月児と18カ月児に対して，女性実験者が2つのふた付きの箱のうち片方に手を入れたときには喜びの感情を，もう片方に手を入れたときには嫌悪の感情を見せた後，子どもに箱を自由に探索する機会を与えた。その結果，子どもは実験者が喜びの表情を見せた箱の中身を最初に探ることをより好んだ。さらに18カ月児は，他人の失敗行動を見たとき，本当はどのようにしたかったのかという失敗行動の背後にある意図を理解し，自分が行動するときには正しい行動を遂行することができる（Meltzoff, 1995）。その後，子どもは2歳ごろから言語能

力が急速に発達し始め，「欲しい」「知っている」「思う」といった言葉を用いて自分や他人の欲求や情動を表現するようになる（Bartsch & Wellman, 1995）。

　私たちは3歳以降，さらに成熟した心を読む能力を身につけてゆく。幼児期の心の理論の成熟は，主に他者が事実とは異なる誤った信念，すなわち誤信念を持っていることを理解し，それを明示的に表現できるか否かで判定される（ただし，明示的表現はできないものの，誤信念理解の萌芽は15カ月ごろには見られるとされる。詳しくは，Baillargeon, Scott, & He（2010）を参照）。幼児の誤信念の理解を調べるために使用される誤信念課題（false-belief task）にはいくつものバージョンがあり，その中でも最も広範に使用されてきた伝統的な課題は「予期せぬ移動課題」（unexpected transfer task）と呼ばれるものである（Wimmer & Perner, 1983）。サリーとアンの登場する課題（Baron-Cohen, Leslie, & Frith, 1985）から名前を取って，「サリー−アン課題」（Sally-Ann task）と呼ばれることもある。予期せぬ移動課題では，子どもは以下のような物語を人形劇や紙芝居で見せられる（図1）。

　　　部屋の中には赤色の箱と緑色の箱があります。サリーがおもちゃを赤色の箱にしまった後，部屋から出て行きました。その後，アンが部屋にやってきておもちゃを赤色の箱から取り出して遊びました。そして，アンはおもちゃを緑色の箱にしまって部屋から出て行きました。サリーが部屋に戻ってきて，もう一度おもちゃで遊ぼうと思っています。

そして，子どもは「サリーは最初にどこを探すでしょうか？」と質問される。子どもは4歳ごろから「赤色の箱」だと正解できるように

サリー・アン課題

①部屋の中には赤色の箱と緑色の箱があります。サリーがやって来ておもちゃを赤色の箱にしまった後，部屋から出て行きました。

②その後，アンが部屋にやってきて，おもちゃを赤色の箱から取り出して遊びました。

③アンはおもちゃを緑色の箱にしまって部屋から出て行きました。

④サリーが部屋に戻ってきて，もう一度おもちゃで遊ぼうと思っています。サリーは最初にどこを探すでしょうか？

図1．予期せぬ移動課題

なるが，3歳児の多くは実際に物のある「緑色の箱」だと誤答してしまう。したがって，子どもは4歳ごろから他者の誤信念を理解するというかなり高度な心の理論能力を身につけ始めると言える（Wellman et al., 2001）。

1-2. ワーキングメモリと実行機能

　当初，心の理論は記憶や言語，一般的知能のような他の認知システムの影響からは比較的独立した，生得的でありモジュール的な，すなわち心を読むことに特化した認知システムだと考えられていた。その根拠のひとつとなったのが，一般的な知能の発達に遅れの見られない自閉症（autism）患者であっても，誤信念課題をはじめとしたさまざまな心の理論課題の解決には困難を示すという知見である（例えば，Baron-Cohen, 1995; Baron-Cohen et al., 1985; Leslie, 1991）。しかし，1990年代の後半から，ワーキングメモリや実行機能といった，心を読む能力専用ではない，汎用的な認知的情報処理システムが心の理論の発達に大きく関与していることを示す研究が蓄積されるようになってきた（Moses, Carlson, & Sabbagh, 2005; Perner & Lang, 1999, 2000）。それでは，ワーキングメモリおよび実行機能とは何か，以下にごく簡単に説明しておきたい。

　ワーキングメモリ（working memory）は，現在進行中の課題に必要な情報を頭の中に一時的に保持して，その情報をいつでも利用できる状態に"活性化"しておく短期記憶システムのことを言う（Baddeley, 2007; Baddeley & Hitch, 1974）。ワーキングメモリをごく単純に一言で

表現すると，「処理をしながら記憶を使うための認知システム」だと言えるかもしれない。例えば，文章を理解する過程においては，前出の内容を覚えておきながら今現在の文章を読んでゆかねばならず，このときワーキングメモリは前出の重要な内容を記憶しておく役割を担っている (Daneman & Carpenter, 1980)。ワーキングメモリは別の課題を同時に処理しながら記憶痕跡を保持する能力を反映するため，処理と保持を同時に要求する課題構造を持ったワーキングメモリスパン課題が研究に用いられることが多い。Daneman & Carpenter (1980) の開発したリーディングスパンテスト (reading span test) は，数あるワーキングメモリスパン課題の中で最も伝統的かつ最もよく使用されている課題である (齊藤・三宅, 2000)。英語版のリーディングスパンテストでは，文が呈示されるのでそれを音読するとともに文の最後の単語を覚えるという作業を連続して2〜6つの文に対して繰り返した後，覚えた単語を再生することが求められる（日本語は文の末尾が助詞になることが多いので，日本語版のリーディングスパンテストでは文の途中に覚えるべき単語があり，そこには下線が引いてある。苧阪・苧阪 (1994) も参照）。リーディングスパンテストは文を音読するという処理と単語の保持を並行して要求しており，その記憶成績は言語性のワーキングメモリ容量を反映していると考えられる。他の有名な言語性ワーキングメモリスパン課題としては，物体の数を数えてそれを覚えてゆく計数スパンテスト (counting span test; Case, Kurland, & Goldberg, 1982)，計算しながらその答え，あるいは計算と計算との間に呈示される単語を覚えてゆく演算スパンテスト (operation span test; Turner & Engle, 1989) が挙げられる。また，代表的な空間性ワーキングメモリスパン課題としては，呈示される文字刺激が正像か鏡映像かを判断しながら，その判断と判断との間に呈示される矢印の方向を覚えてゆく回転スパ

ンテスト（rotation span test; Shah & Miyake, 1996）がある。

　ワーキングメモリスパン課題によって測定された記憶成績（ワーキングメモリスパン）は，文章理解（Daneman & Carpenter, 1980; Daneman & Merikle, 1996），視空間的思考（Shah & Miyake, 1996; Miyake, Friedman, Rettinger, Shah, & Hegarty, 2001），推論能力（Capon, Handley, & Dennis, 2003; Kyllonen & Christal, 1990）といったさまざまな高次認知能力，あるいは知能（Ackerman, Beier, & Boyle, 2005; Engle, Tuholski, Laughlin, & Conway, 1999）に対して高い予測力を有する。すなわち，ワーキングメモリスパン課題の記憶成績が高い人ほど一般的に高次認知能力の成績も高いということである。さらに，ワーキングメモリスパン課題の記憶成績と高次認知能力との関係は，記憶項目の保持しか要求しない短期記憶スパン課題の記憶成績（短期記憶スパン）よりも強いことがわかっている。このように複雑な認知活動と強い結びつきのあるワーキングメモリだが，ワーキングメモリ上で注意を当てて一度に活性化できる情報の数はだいたい4つ前後が限度だと考えられており（Cowan, 2000），したがってワーキングメモリ容量には厳しい制限があると言える（Cowan, 2005; Oberauer, 2002）。

　また，ワーキングメモリは実行機能と連携して活動することが多い。実行機能（executive function）とは目標志向行動を実現するための認知機能の総称であり，優勢反応の抑制や注意の柔軟な切り替えといった複数の下位プロセスから構成されている（Miyake et al., 2000; Welsh, Pennington, & Groisser, 1991）。その中でも「思わずやってしまいそうになる」反応を抑える能力，すなわち優勢反応抑制は最も重要な下位プロセスだと考えられてきた（Friedman & Miyake, 2004; Munakata et al., 2011）。優勢反応抑制能力を測定する最も伝統的で有名な課題が，ストループ課題（Stroop task; Stroop, 1935）である。ストループ課題では，

例えば，赤色で印刷された「あお」という単語や緑色で印刷された「きいろ」という単語の印刷に使われている"色"を速くかつ正確に読みあげていくことが要求される。このとき，思わず"文字"を読みあげてしまいそうになるのを抑制して，上記の例であれば「あか」，「みどり」と答えなければならない。

　ワーキングメモリと実行機能はともに3歳から5歳にかけて急激な発達が見られる（Garon, Bryson, & Smith, 2008; 森口, 2012）。例えば，「6ボックス課題」と呼ばれる記憶課題では，ふたの部分に異なる目印の付いた6つの箱それぞれにシールを隠し，子どもが選んだ箱の中にシールがあればそれを与え，1つ選ぶたびに箱の位置を変えて，子どもが全部のシールを獲得するまで，あるいは5回連続で空の箱を選択するまで箱の選択を続けさせる（Diamond, Prevor, Callendar, & Druin, 1997）。これは視空間性ワーキングメモリの指標になると考えられるが，2歳から5歳にかけて，全てのシールを獲得するまでの効率が非常に大きな改善を見せる（Espy et al., 2004）。また，「単語逆唱課題」は幼児を対象に実施できる言語性ワーキングメモリ課題である。この課題では，実験者が2〜4個の具体名詞を口頭で呈示し，子どもには呈示された順序と逆順で口頭再生を求める。単語逆唱課題を3〜5歳児に実施したCarlson, Moses, & Breton (2002) では，子どもが完全に逆唱できた単語の平均個数は，3歳児で1.58個，4歳児で2.21個，5歳児で2.80個というように年齢が上がるとともに急激な伸びを見せた。単語が数字に置き換わった課題は「数字逆唱課題」と呼ばれ，こちらの課題も子どものワーキングメモリを測定する課題としてよく使われる。子どもの実行機能を測定する課題には，代表的なものとして「昼/夜ストループ課題」や「DCCS課題」などが挙げられるが，それら課題の詳細は次節で紹介する。

第1章　心を読む能力の発達とワーキングメモリ

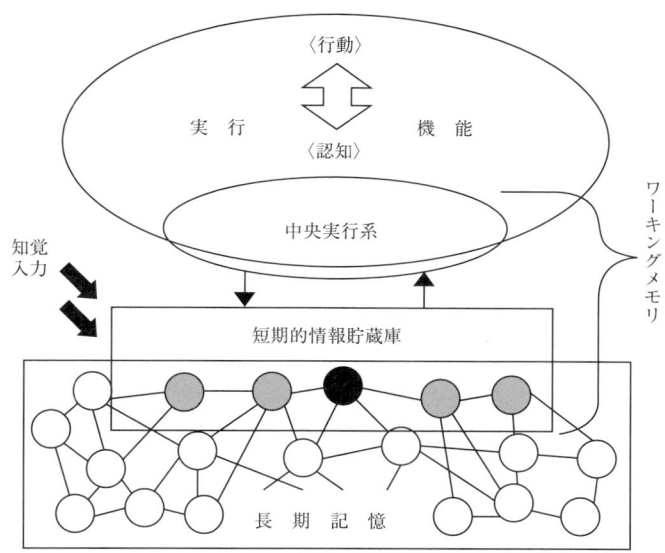

図2. ワーキングメモリと実行機能との関係。一般的に，ワーキングメモリは処理系（中央実行系）と保持系（短期的情報貯蔵庫）を合わせた認知的構成体だと考えられる。ワーキングメモリにおいて記憶表象への注意の焦点化や切り替えを担う中央実行系は，実行機能の一部分を想定したものだと言える。実行機能には行動的制御（優勢反応の抑制など）を主に担うプロセスと認知的制御（注意のコントロールなど）を主に担うプロセスが含まれていると考えられ，中央実行系はどちらかというと認知的制御の機能が想定されている。図中の○は記憶の中に存在する個々の情報を表している。注意を当てられて活性化している長期記憶内の情報や知覚している情報が短期的情報貯蔵庫内に保持され，利用可能性が高まっている状態にある。また，短期的情報貯蔵庫内の複数の情報の利用可能性には相対的な差異が存在し，図中では●の利用可能性が最も高い。

ワーキングメモリと実行機能との関係を簡単な模式図で表すと図2のようになる。両者の関係に関しては，Baddeley & Hitch (1974) のワーキングメモリモデルで想定された中央実行系 (central executive) のような注意のコントロールシステムが短期的情報貯蔵庫内の必要な情報に対して注意を当てたり，切り替えたりしているという説明がある (Baddeley, 2007)。さらには，実行機能の下位プロセスのひとつである記憶表象の更新機能の個人差が，ワーキングメモリ容量の個人差に大きく影響しているという研究結果もある (Miyake et al., 2000)。これらは，実行機能がワーキングメモリの働きに対して影響を与えているという考え方である。その一方で，ワーキングメモリが実行機能の働きに対して大きな影響を及ぼしている可能性も考えられている。例えば，ワーキングメモリ容量の高い人はワーキングメモリ容量の低い人に比べて，視覚的手がかりとは逆方向に現れるターゲットをできるだけ速くかつ正確に検出することが要求されるアンチ・サッケード課題の成績が高いことや (Kane, Bleckley, Conway, & Engle, 2001)，課題中に稀にしか起こらない課題要求を忘れて課題に失敗してしまう目標無視 (goal neglect) という現象が起こりにくいことが実証されている (Kane & Engle, 2003)。これらの知見はワーキングメモリが課題目標を保持し，それをタイミングよく活性化して利用可能な状態にすることによって，実行機能を正常に機能させて課題目標の実現・達成に貢献しているのだと解釈できる。ワーキングメモリと実行機能との関係は整理されているとは言い難いが，それらの影響は双方向的なものだと理解してよいだろう。

1-3. 心の理論の発達とワーキングメモリ

　ワーキングメモリや実行機能と心の理論との関連が注目を集める端緒となったのは自閉症研究であった。自閉症は他人との社会的な相互作用に困難を示す発達障害として古くから知られており（Kanner, Rodriguez, & Ashenden, 1972），自閉症児は健常児と比べて誤信念課題に正答するのが難しいことも見出されていた（Baron-Cohen et al., 1985）。心の理論がワーキングメモリや実行機能の影響を受けにくい特異的な認知システムだということの証拠となった自閉症研究が，今度はそれを否定する証拠を提供するというのは皮肉なことだと言えるかもしれない。Russell, Mauthner, Sharpe, & Tidswell（1991）は，実際に物体のある場所への指差しを抑制して何もない場所への指差しができれば成功となる「のぞき窓課題」と心の理論課題を自閉症児に実施し，両課題の正答率が高い相関を示すことを発見した。つまり，優勢な反応を抑制する能力は何らかの形で心の理論に寄与している可能性が示唆された。また，Ozonoff, Pennington, & Rogers（1991）は数種類の心の理論課題と実行機能課題を自閉症者と健常者に実施した結果，自閉症群は健常群よりも心の理論課題だけでなく実行機能課題においても有意に成績が低く，さらに自閉症群では心の理論成績と実行機能成績との間に健常群よりも強い相関が見られることを示した。この結果を鑑みて，Ozonoffらは自閉症児の心の理論の欠如の背景には深刻な実行機能の問題があると指摘するに至った。これをきっかけに，自閉症研究において実行機能が注目を集めた時期があり，自閉症患者は思考の柔軟な切り替えや，曖昧な状況における優勢反応の抑制といった一部の実行

機能に弱さのあることが明らかになってきた（Hill, 2004）。

　RussellやOzonoffたちの発見の後，健常児を対象とした数多くの相関研究が心の理論とワーキングメモリや実行機能の発達との強い関連を明らかにしてきた。Davis & Pratt（1995）は幼児向けのワーキングメモリ課題としてよく使われる数字逆唱課題（実験者が口頭で伝えた数字の列を逆順に口頭再生する課題で，例えば実験者が「5，8，2，9」と言ったら，「9，2，8，5」と答えれば正解）と心の理論課題の成績が有意に相関することを示した。Gordon & Olson（1998）は幼児を対象として，物の名前を言いながら同時に数字を数えさせるというように，ワーキングメモリに負荷をかけたラベリング課題を実施した（例えば，「1，くつ，2，コップ，3，スプーン」）。ワーキングメモリは「処理をしながら記憶を使うための認知システム」なので，ある課題をしながら別の課題を同時に処理する二重課題（dual task）は，ワーキングメモリに大きく依存しなければ遂行できない課題だと考えられる。実験の結果，ワーキングメモリ負荷のあるラベリング課題の成績は心の理論課題の成績と高い相関を見せることがわかった。この他の研究でも，幼児期のワーキングメモリ容量と心の理論の発達が同期することが繰り返し追試されてきた（Carlson et al., 2002; Keenan, Olson, & Marini, 1998; 小川・子安，2008など）。したがって，心の理論課題の解決には，物語を理解しながら同時にさまざまな情報を保持しておくための一定以上のワーキングメモリ容量が，（詳しい仕組みはわからないものの）何らかの形で必要であることが支持された。

　また，各種実行機能の発達が心の理論の獲得と関連することを示す研究も数多く報告されている。Frye, Zelazo, & Palfai（1995）は3〜5歳児を対象として，ウィスコンシンカード分類課題（Wisconsin card sorting task; WCST）を子ども向けに作り変えたDCCS課題（dimensionalchange card sorting task）と心の理論課題の成績が有意に相関することを示した（他にも，Andrews, Halford, Bunch, Bowden, & Jones, 2003）。DCCS課題では，例えば青色の車の描かれたカードと赤色の花の描かれたカードが机の上に予め置かれており，子どもは渡されたカードを同じ色のカードの上に分けるよう言われる。子どもが色による分類に5回連続で正解したら，今度はカードを形で分けるよう言われる。分類次元が形に変わった後の試行では，3歳児は次元の切り替えに困難を示し，色で分け続けるという傾向が見られた。Frye らは心の理論課題には自分の心的状態と他者の心的状態との切り替え，DCCS 課題にはカードの図形の色と形という次元間の切り替え，というように両課題に共通の課題構造が存在するため，解決できる課題構造が認知セットの切り替え能力の発達とともに複雑化することによって心の理論課題とDCCS 課題の成功が同期して発達すると考えた（Frye, Zelazo, & Burack, 1998; Zelazo, 2004; Zelazo & Frye, 1998）。例えば，予期せぬ移動課題（Wimmer & Perner, 1983）における失敗は以下のように説明される。解答の際にはワーキングメモリ内に保持された「実際の物体の位置を知っている」自分の心的状態と「実際の物体の位置を知らない」登場人物の心的状態との切り替えが要求されるが，自分の心的状態のほうが登場人物の心的状態よりも活性が強く，利用可能性が高いので自分の心的状態に固執してしまい，相手の心的状態に上手くスイッチできないために「自分の知識」を解答に用いてしまうのだと解釈される。この失敗は，DCCS 課題のようなカード分類課題において，幼い子どもが最初に分類した次元に固執してしまい，新たな分類次元に上手く切り替えられない失敗に類似している。

　Carlson & Moses（2001）は，心の理論能力と「思わずやってしまいそうになる」行動を抑える能力，すなわち優勢反応抑制能力とが相関

することを示した（他にも，Carlson et al., 2002; Carlson, Moses, & Claxton, 2004）。子どもの優勢反応抑制能力を測る課題のひとつに，例えば「昼／夜ストループ課題」と呼ばれるものがある。この課題では，太陽の描かれたカードと月の描かれたカードが用意され，太陽のカードが見せられたら「夜」，月のカードが見せられたら「昼」と言うように求められる。太陽のカードを見たときには思わず「朝」とか「昼」と言ってしまいそうになるので，そのような優勢な反応の抑制が求められるのである。Carlson, Mandell, & Williams (2004) は，24カ月齢で優勢反応抑制能力の高い子どもほど39カ月齢における心の理論課題の成績も高いが，その逆の関係は見られないことを実証し，優勢反応抑制能力の発達が心の理論の獲得を促進する可能性を示唆した。47カ月齢と60カ月齢を対象としたHughes (1998) でも同様の結果が得られている。再度，予期せぬ移動課題の失敗を例にとって説明すると，子どもは「登場人物が最初に物体をしまった場所」「物体の現在の場所」「登場人物は物体の現在の場所を知らない」などの情報をワーキングメモリ内に保持することになるが，優勢反応の抑制能力が発達していない幼い子どもは，「物体の現在の場所」という最も顕著だが判断に使用してはいけない情報にもとづいた衝動的な反応を抑制できないために結果的に誤答してしまうのだと解釈される。つまり，ワーキングメモリ内において利用可能性は高いが推測には必要のない情報が十分に抑制されれば，他者の心的状態の判断はその情報に誘導されず，抑制に失敗すれば判断は極端に大きく誘導されてしまうと考えられる。

以上のように，幼児期の実行機能と心の理論との関係にはいくつかの説明理論が存在するが，注意の切り替えにもとづいた説明であれ，優勢反応抑制にもとづいた説明であれ，それらの背後にはワーキングメモリ内の情報の活性の強さ（利用可能性の程度）とその調整という共

通過程が見出せる。ワーキングメモリに保存された「現在の事実」に関する情報は「他人は事実を知らない」という情報よりも利用可能性が高く，幼い子どもはその影響を上手くコントロールできないため，事実に関する自分の知識を他人の心的状態に帰属して，他人も事実を知っているかのような判断をしてしまう。要するに，ワーキングメモリに保存されている「現在の事実に関する自分の知識」の利用可能性の程度が誤信念課題での解答を左右していると言える。

　ところが，心の理論の発達におけるワーキングメモリの重要性を支持する証拠は基本的に相関関係，つまり一方の成績が高ければ他方の成績も高いという観察結果を根拠とした推察にもとづいているだけで，両者の間の因果関係や詳細な相互作用のメカニズムが検証されてきたわけではない。したがって，他者の心的状態を推測するときにワーキングメモリがどのように機能して公正な判断を手助けしているのかは検討の余地が残されていると言えるだろう。

1-4.《心の読みすぎ》を招く"知識の呪縛"

　自分の知識が公正な推測判断を歪めてしまう数々の現象は，"知識の呪縛"（curse of knowledge）と総称される（Birch & Bloom, 2004; Royzman, Cassidy, & Baron, 2003）。大人で見られる後知恵バイアス（hindsight bias）は知識の呪縛の一種である。後知恵バイアスとは，自分自身の過去の判断を想起したり，何も知らない他者の判断を予測したりするときに，結果に関する知識の重要性を過度に高く考えてしまう傾向のことを言う（Fischhoff, 1975; Hawkins & Hastie, 1990）。典型的な

後知恵バイアス課題では，大学生参加者に「自由の女神像は何フィートか？」というようなクイズをいくつも出題して解答を求める。半数の参加者にはクイズの正解（「151フィート」）を教えるが，もう半数の参加者には正解を教えない。そして，全ての実験参加者に「あなたの最初の解答を思い出して答えてください」，さらに「クイズの答えを知らない学生は，どのような解答をするか予想してください」という質問をする。すると，正解を知っている参加者は，正解を知らない参加者よりも事前に知らされた正解に近づけて自分の最初の解答を想起したり，他人の解答を予測したりする（Fischhoff, 1977; Hasher, Attig, & Alba, 1981; Wood, 1978）。

　知識の呪縛が，子どもが誤信念課題に失敗する最大の原因のひとつであることが指摘されている（Birch, & Bloom, 2004; Royzman et al., 2003）。誤信念課題では，子どもは事実を知らない他者の心的状態を推測する際に，自分の知識を相手も持っているかのように判断してしまう。後知恵バイアス課題では，大人は正解を知らない他者の心的状態を推測する際に，自分の知識に近づけた判断をしてしまう。したがって，誤信念課題と後知恵バイアス課題は，実験参加者が結果に関する知識を得た後で，結果を知らない他者の心的状態を推測するという共通した課題構造を持っている。さらに，実験参加者は結果を知らない他者があたかもその結果に関する知識を共有しているかのような，すなわち《心の読みすぎ》を呈してしまうという点で共通した反応傾向を見せる。したがって，他人の心を読むときにワーキングメモリが知識の呪縛に抵抗して《心の読みすぎ》の回避を可能にしているかどうかを調べるには，大人を対象とした実証研究を行うことも有効な手段だと考えられる。大人は子どもよりも難しい課題に対処できるので，大人を対象にすれば，心を読む能力を支える認知的メカニズムの解明

に必要な，より複雑な構造を持った心理学実験を実施することができる。

そして何より，《心の読みすぎ》の生起条件や認知的メカニズムを詳細に解き明かすことができれば，その予防策や解決策の考案に大きく貢献することになるだろう。そしてそれは，《心の読みすぎ》に根差すさまざまな日常生活でのトラブルを減少させることにもつながる。

本章では初めに，子どもが心の理論を獲得する過程を簡単に見てきた。特に，（相手は知らない）自分の知識の影響である知識の呪縛をコントロールして，他者が現在の事実とは異なる誤信念を抱いていることを正しく理解できるようになるには，ワーキングメモリが重要な役割を果たしているらしいことがわかった。あえて「らしい」と言うのは，ワーキングメモリは実際に自分の知識の利用可能性，すなわち知識の呪縛の影響を調整して他者の心的状態の公正な推測を可能にしているかもしれないが，知識の呪縛の解除にワーキングメモリが果たしている役割の詳細はほとんど解明されていないからである。また，ワーキングメモリは子どもが心の理論を成熟させるときにだけ必要とされ，心の理論を一度獲得してしまえば，他者の心的状態を推測するときにワーキングメモリはそれほど重要な役割を担わないという説明も成立しうる（Moses, 2001）。子どもを対象とした発達研究だけでは，この説明を反証することが難しい。子どもと大人の心の理論の発達的な連続性と相違点を明らかにするためにも，大人を対象とした心の理論研究は不可欠だと指摘する研究者も増えている（Apperly, Samson, & Humphreys, 2009）。以上の問題意識を踏まえて，次章では大人が他者の心的状態を推測する際のワーキングメモリの役割をより詳しく検証していくことにする。

第 2 章

大人の心を読む能力とワーキングメモリ

ワーキングメモリはどのように心を読む能力を支えているのか？

2-1. 幼児期以降も成熟する心の理論

　子どもは成長するにつれて，5歳以降には信念にもとづいた感情の推測ができるようになり（Harris, Johnson, Hutton, Andrews, & Cooke, 1989），6歳以降には「ある人の信念についてまた別の人が抱いている誤った信念」の理解を要する2次の誤信念課題にも通過できるようになる（Perner & Wimmer, 1985）。前章で登場したサリー－アン課題は「他者の誤った信念」だけを理解すればよい，1次の誤信念課題である。2次の誤信念課題では，例えば以下のような結構ややこしい物語を，町の模型などを使って子どもに聞かせる（ジョン-メアリー課題；図3）。

　　ジョンとメアリーは公園で遊んでいました。メアリーが公園で移動式のアイスクリーム屋からアイスを買おうと思いましたが，お金を持っていなかったので家に取りに帰りました。ジョンが引き続き公園で遊んでいると，アイスクリーム屋が「教会の前で売る」と言って車で移動していきました。家に帰っていたメアリーは家の窓からアイスクリーム屋が見えたので，アイスクリーム屋にどこに行くのかと尋ねて，教会の前で売るつもりだということを聞きました。ジョンが家に帰って宿題をしていると，どうしてもわからないところがあったので，メアリーに聞きに行くことにしました。ジョンはメアリーのお母さんから「メアリーならアイスクリームを買いに行ったわ」と言われました。

　そして，子どもは「ジョンはメアリーを探しに行こうとしています。

ジョンはメアリーがどこに行ったと思っているでしょうか？」と尋ねられる。ジョンは「メアリーが『アイスクリーム屋が公園から教会へ移動した』ことを知っている」とは知らないはずなので，ジョンは「メアリーはアイスを買うために公園に行った」と思っているはずである。したがって，正解は「公園」である。Perner & Wimmer（1985）の実験では，ジョン-メアリー課題の正答率が5歳では19%と非常に低いのに対し，6歳で66%，7歳で78%，8歳で88%，9歳で94%というように年齢が上がるにつれて正答率も上昇することが示された。

　人は発達とともにより複雑な状況に対応できる心の理論能力を身につけてゆく。しかし，大人でさえ子どもを対象とした心の理論課題，特に1次の誤信念課題のような単純な構造の課題においても，他者の心的状態を正確に把握したり公正に評価したりするのに困難を示すことがある。

　本章ではまず初めに，大人の心の理論に関する重要な研究を概観してゆく。そして，大人が相手の心の公正な推測に失敗してしまい，「自分の心的状態＝相手の心的状態」と思い込んで疑わない，《心の読みすぎ》現象の原因を検討してゆく。特にその原因のひとつは，ワーキングメモリ機能の低下にあるという説明モデルを提唱する。そして，そのモデルを心理学実験によって実証的に追究してゆく準備を整える。

第 2 章　大人の心を読む能力とワーキングメモリ

🍦 ジョン・メアリー課題

① ジョンとメアリーは公園で遊んでいました。メアリーが公園で移動式のアイスクリーム屋からアイスを買おうと思いましたが、お金を持っていなかったので家に取りに帰りました。

② ジョンが引き続き公園で遊んでいると、アイスクリーム屋が「教会の前で売る」と言って車で移動していきました。

③ 家に帰っていたメアリーは家の窓からアイスクリーム屋が見えたので、アイスクリーム屋にどこに行くのかと尋ねて、教会の前で売るつもりだということを聞きました。

④ ジョンが家に帰って宿題をしていると、どうしてもわからないところがあったので、メアリーに聞きに行くことにしました。

⑤ ジョンはメアリーのお母さんから「メアリーならアイスクリームを買いに行ったわ」と言われました。

⑥ ジョンはメアリーを探しに行こうとしています。ジョンはメアリーがどこに行ったと思っているでしょうか？

図 3. 2 次の誤信念課題

2-2. 大人の心の理論におけるワーキングメモリの働き

　大人を対象とした心の理論研究の分野では初期のころから，ワーキングメモリをはじめとした認知機能の衰えが想定される高齢者の心の理論能力が，若年者と比べてどのように異なるかが注目されてきた。Happé, Winner, & Brownell (1998) は高齢参加者（平均年齢73歳）と若年参加者（平均年齢21歳）に，登場人物の心的状態に関する文章（心の理論物語），出来事の物理的因果関係など心的状態とは関係のない文章（統制物語），複数の意味的に無関連な文から構成される文章（記憶文章）を読んで内容に関する質問に答えてもらう実験を行った。その結果，統制物語では世代間に成績差はなかったが，心の理論物語では高齢参加者のほうが若年参加者よりも成績が優れていた。一方で，記憶文章における成績は若年参加者のほうが優れていた。したがって，心の理論能力は加齢による記憶力の衰えに害されないどころか，加齢によりその能力に磨きのかかる可能性が示唆されたのである。しかしながら，Maylor, Moulson, Muncer, & Taylor (2002) は Happé らと同様の実験を2つ行った結果，両方の実験において高齢者は若年者よりも心の理論能力が低下していることを確認した。Maylor たちの報告により，心の理論に対する加齢の影響についての議論はふりだしに戻ったと言える。

　German & Hehman (2006) は高齢参加者（平均年齢78歳）と若年参加者（平均年齢20歳）に，登場人物が正しい情報を持っている物語（正信念物語）と誤った情報を正しいと信じている物語（誤信念物語）を読ませ，登場人物が自身の願望に沿って行動するならどのような行動を

第2章　大人の心を読む能力とワーキングメモリ

選択するかを質問した。登場人物が誤った情報を持っているときには，登場人物の願望には沿わない結果となる選択肢を選ばなければならず，このときにワーキングメモリや実行機能が必要になると予想される。また，別の認知課題セットによって，参加者のワーキングメモリと実行機能が測定された。実験の結果，高齢参加者は若年参加者に比べてワーキングメモリと実行機能の衰えが確認されるとともに，誤信念物語に対する正答率が大幅に低下することが明らかになった。ところが，高齢参加者の正信念物語に対する正答率は若年参加者と比べて大きな低下は見られなかった。これらの結果から，高齢者は若年者よりも誤信念推論が苦手である，すなわち「相手は知らないけど自分は知っている事実」があるときに「相手は事実を知らないので，望んでいないほうを選択してしまうだろう」と推測するのが困難だということが示唆された。これは高齢者のワーキングメモリや実行機能の衰えと誤信念推論の衰えとが同時に起こっていることを裏付けている。しかしながら，ワーキングメモリや実行機能"以外"の高齢者の認知機能の低下が心の理論能力の低下を招いている重大な原因であるという可能性も否定できない。そのため，若年者に対してワーキングメモリ負荷を課したときに，「相手は知らないけど自分は知っている事実」を含む誤信念推論で課題成績が低下するかどうかを実証的に検討しなければならないだろう。

　そこで，McKinnon & Moscovitch（2007）は若年者が心的状態の推測課題を遂行している最中に，ワーキングメモリに認知的負荷を課して推測の正確さに影響が及ぶかどうかを調べた。McKinnon & Moscovitchは実験1において，高齢参加者（平均年齢78歳）と若年参加者（平均年齢20歳）に皮肉やユーモアの理解など高次の語用論的理解を要求する複雑な社会的場面の文章を読ませ，その文章に関する1

次と 2 次の心的推論問題に口頭で解答してもらう課題を実施した。材料文と問題の例を以下に示しておく。

> ホッケーの試合で，エレンのチームがブラッドのチームを負かしました。両チームは互角に競り合いましたが，僅差でエレンのチームが競り勝ちました。ブラッドがエレンに会ってこう言いました。「勝利おめでとう。うちのゴールキーパーの体調が悪くて残念だったよ」
> 　(i) 1 次の思考と感情に関する質問
> 　　「ブラッドはなぜ，エレンのチームが試合に勝ったと思っていますか？」
> 　　「エレンはブラッドの言葉を聞いたときにどのように感じていますか？」
> 　(ii) 2 次の思考と感情に関する質問
> 　　「ブラッドはエレンが自分の言葉を聞いたとき，何を考えているだろうと思っていますか？」
> 　　「ブラッドはエレンが自分の言葉を聞いたとき，どのように感じているだろうと思っていますか？」

　McKinnon & Moscovitch の実験の結果，高齢参加者の 2 次の心的推論成績のみが有意に低くなることがわかった。さらに彼女らの実験 4 では，若年参加者のみを対象として，2-back 課題を二次課題として遂行しながら，実験 1 と同じ 1 次と 2 次の心的推論問題に取り組んでもらう二重課題実験を実施した。二次課題とは本課題と同時並行して行う課題のことであり，二次課題が本課題の成績を低下させれば，本課題は必要な認知機能を阻害されていた，つまり本課題も二次課題に必要な認知機能を必要としていたと言うことができる。また，2-back 課題はアルファベットのような刺激が連続的に呈示される中で

（例えば，Z, X, C, V, C, ……），今現在の刺激が 2 つ前の刺激と同一であったか否かを答えてゆく課題であり，その遂行にはワーキングメモリ情報の更新機能が必要とされる（Braver et al., 1997）。したがって，2-back 課題を二次課題として実施したときに心的推論課題の成績が低下すれば，心的推論課題を適切に処理するにはワーキングメモリ情報の更新機能が必要だということが言えるのである。この二重課題実験の結果，2-back 課題遂行中の 2 次の心的推論成績のみが実験 1 の高齢参加者と同じように低下した。この結果は，若年者であってもワーキングメモリに過剰な認知的負荷が及ぶと心的推論能力が低下する可能性を示唆するものである。しかし，なぜ 2-back 課題が 1 次の心的推論課題の成績を低下させなかったのかは十分な説明が難しい。さらに，McKinnon & Moscovitch の用いたストーリーは，皮肉やユーモアといった語用論的理解を要するものであった。子どもを対象とした発達研究で使用されてきた伝統的な誤信念課題（例えば，予期せぬ移動課題，Baron-Cohen et al., 1985; Wimmer & Perner, 1983）に見られるような「相手は知らないけど自分（解答者）は知っている事実」が McKinnon & Moscovitch の用いたストーリーには含まれていないか，あるいは明示されていない。発達研究で議論されてきた「相手は知らないけど自分は知っている事実」がどのようなかたちで心の理論の行使を邪魔しているのか，そのメカニズムは不明のままである。

　ところで，German & Hehman（2006）や McKinnon & Moscovitch（2007）はどちらも文章を実験材料として使用しているが，心の理論物語の中で登場人物の心的状態を推測することではなく，文章読解そのものにワーキングメモリが要求されている可能性もある。Bull, Phillips, & Conway（2008）は，大学生を対象としてこの点を検証する実験を行った。人物の目とその周辺の表情だけからその心的状態の推

測を要求する"Reading the Mind in the Eyes"テスト（Baron-Cohen, Wheelright, Hill, Raste, & Plumb, 2001）において，心的状態を解答する条件（心の理論課題）と人物の年齢と性別を解答する条件（コントロール課題）を設け，それと同時並行的に二次課題を課して実行機能の下位機能である優勢反応抑制，注意の切り替え，ワーキングメモリ情報の更新のそれぞれに認知的負荷をかける二重課題実験を行った。その結果，心の理論課題における優勢反応抑制負荷条件でのみ正答率が有意に低下したが，コントロール課題では二次課題の効果は見られなかった。ところが，先行研究で使われてきたような物語文章を材料とした課題では，心の理論課題であれ物理的因果関係の推測が求められる課題であれ，全ての実行機能への認知的負荷が正答率を著しく低下させ，さらに実行機能への認知的負荷がほとんどないと考えられる二次課題であっても心の理論課題と物理的因果関係課題の両方の正答率を同じように低下させることを発見した。つまり，文章を材料とした課題を用いたときには心の理論能力の行使とは関係なく，文章の理解にワーキングメモリを含めた何らかの認知的制御能力が必要とされており，二次課題によって文章の理解が阻害されたせいで成績が低下する可能性が示唆されたのである。McKinnon & Moscovitch（2007）や Bull et al.（2008）では文章の読解中および心的状態の推測中の両方で二次課題を行っており，二次課題が読解と推測のどちらに影響を及ぼしているのか切り分けができていないのが根本的な問題だと考えられる。

　文章を使わずに，他人の空間的視点の理解におけるワーキングメモリの影響を検討した研究もある。Lin, Keysar, & Epley（2010）の用いたコミュニケーション課題では，実験参加者はさまざまな物が置かれた格子状の棚を挟んで指示者と向かい合って座り，指示者の指示に従ってマス目の中に置かれた物を別のマス目に移動させるという課題に取

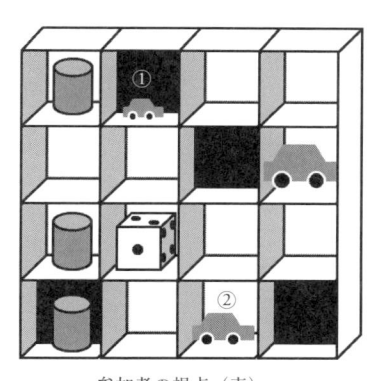

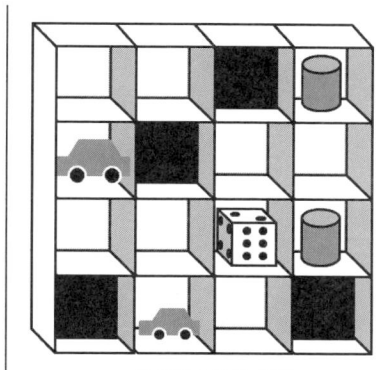

第 2 章　大人の心を読む能力とワーキングメモリ

　　　参加者の視点（表）　　　　　　　指示者の視点（裏）

図 4.　コミュニケーション視点取得課題（Lin, Keysar, & Epley, 2010）で使用された装置のイラスト。マス目の黒い部分は仕切りを意味し，向こう側が見えなくなっている。例えば，指示者（右）が「下の円柱を動かしてください」と言ったとき，一番下の円柱は指示者からは見えていないので，参加者（左）は一番下の円柱ではなく，その 1 つ上にある円柱を動かさなければならない。

り組んだ（図4）。マス目のいくつかには板がはめ込まれており，向こう側が見えないようになっていたため，実験参加者からは見えるが，指示者からは見えない物もあった。したがって，参加者は自分には見えているが指示者には見えていない物があることを考慮して行動に移らなければならない。図4の例では「小さい車を動かしてください」と指示されたとき，参加者は指示者からは見えていない最も小さい車①ではなく，指示者からも見えている車②を動かさなければならない。二次課題として試行の最中に2桁の数字を4つ覚えておくよう言われたとき（高ワーキングメモリ負荷）には，2桁の数字を1つだけ覚えておくよう言われたとき（低ワーキングメモリ負荷）に比べて，指示者には見えていないが自分には見えている物に視線を留めてしまう時間が延長し，正しい物を手に取るまでに要する時間も有意に長くなった。これはワーキングメモリ負荷が他者の視点の理解を困難にすることを意味しているのかもしれない。しかしながら，ワーキングメモリ負荷が試行全体に課せられていたため，ワーキングメモリがコミュニケーション課題のどのプロセスにどのような役割を果たしていたのかわからない。また，このコミュニケーション課題は他者の空間的視点（相手は何が見えているか）を理解しているか否かを測る課題なので，他者の認知的視点（相手は何を知っているか）の理解を測っている心の理論課題とは課題要求が全く異なる。したがって，この研究の結果と心の理論能力との関連を議論することには慎重にならねばならない。

2-3. 心の理論のワーキングメモリ説

　以上に大人を対象とした心の理論研究を詳しく見てきたが，ワーキングメモリが心の理論の使用にどのような役割を担っているのかは依然はっきりとしない。ここまでで明らかになった先行研究の問題点は以下の3つにまとめられる。(1)「相手は知らないけど自分は知っている事実」が含まれる心の理論課題において，正答率の低下や反応時間の増加が観察されたとしても，その「知識の呪縛」がどのように心的状態の推測を阻害しているか，そのメカニズムが明らかにはなっていない。(2) ワーキングメモリ負荷が心の理論課題の成績を低下させたとしても，それが課題内容の理解を阻害したからではなく，心的状態の推測を阻害したからだという明確な証拠がない。したがって，他者の心的状態を推測している最中にワーキングメモリがどのようなかたちで関与しているか，そのメカニズムも検討できていない。(3) それらの問題点について，皮肉やユーモアといった高次の語用論的理解を要求する難しい文章だったり，空間的視点取得課題を材料とするのではなく，子ども向けの心の理論課題の構造を継承した比較的単純な課題を用いて検討しなければならない。子どもを対象とした豊富な研究から得られた知見をもとに大人の研究が出発したにもかかわらず，子どもの研究と大人の研究で使われている課題があまりにも異なっていれば，その連続性を議論することが難しくなり，全く違う現象を相手にしていた，という危険性も否定できなくなるからである。
　以上の問題点を考慮した研究を実施し，心の理論における事実に関する知識の影響とワーキングメモリの役割を解明していく。

そのためには，まず初めに，誤信念理解においてワーキングメモリがどのように働いているのかに関する明確な説明モデルを立てておく必要がある。ワーキングメモリ（と実行機能）の役割は，子どもの心の理論課題に関する研究から以下のような一連のプロセスとしてまとめることができる。(a) 心の理論物語中のさまざまな情報はワーキングメモリに保持され，他者の心的状態の推測時には，まず初めに最も利用可能性の高い顕著な目立つ情報，具体的には「現在の事実に関する自分の知識」が心的状態の推測判断に使用されるか，あるいは使用されそうになる。(b) それが不適切であれば，注意の切り替えや優勢反応の抑制などの実行機能によって，そのようなワーキングメモリにある顕著な情報の使用を回避しなければならない。それと同時に，正確な推測を行うために必要であるにもかかわらず相対的に活性の弱い情報をワーキングメモリで活性化し，その利用可能性を高めなければならない。要するに，他者の心的状態の推測を公正に行うには，ワーキングメモリでのさまざまな情報の適切な抑制と活性を正常に行う必要がある。前半のプロセス (a) を自動的過程，後半のプロセス (b) を制御的過程と呼べるかもしれない。自動的過程では，外的刺激が非意識的に処理されて人の意思決定や行動に影響していると考えることができ，制御的過程では自動的過程で生起した反応を調整していると考えられる。

　上記の説明における後半の制御的過程の中で，心の理論課題においてワーキングメモリでどのような情報処理が行われているか，もう少し具体的な説明を付け加えておく必要がある。ワーキングメモリには容量制限があり（Cowan, 2000, 2005），それは注意を当てて一度に活性し，利用可能にできる情報の数の限度でもある（Oberauer, 2002）。ワーキングメモリに過剰な認知負荷のかかっていないとき，課題の状況に

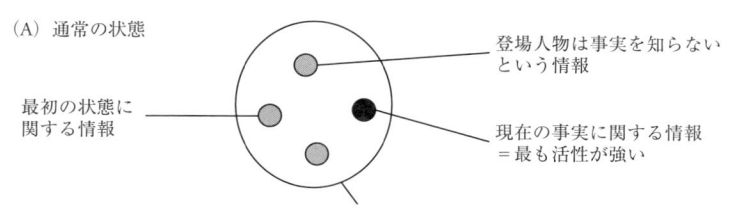

第 2 章　大人の心を読む能力とワーキングメモリ

(A) 通常の状態

登場人物は事実を知らない という情報

最初の状態に関する情報

現在の事実に関する情報 ＝最も活性が強い

ワーキングメモリで一度に活性化できる情報の限度（容量制限）

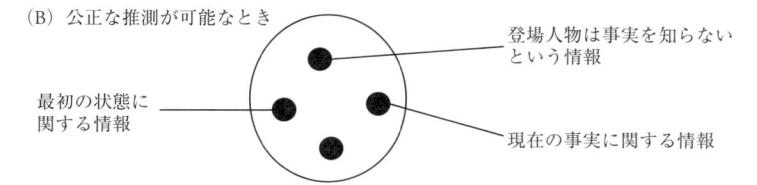

(B) 公正な推測が可能なとき

登場人物は事実を知らない という情報

最初の状態に関する情報

現在の事実に関する情報

ワーキングメモリ内の情報がほぼ等しく利用可能性の高い状態にある

(C) 推測中に過剰なワーキングメモリ負荷があるとき

ワーキングメモリ上で活性化されていないので，推測に使いにくくなる？

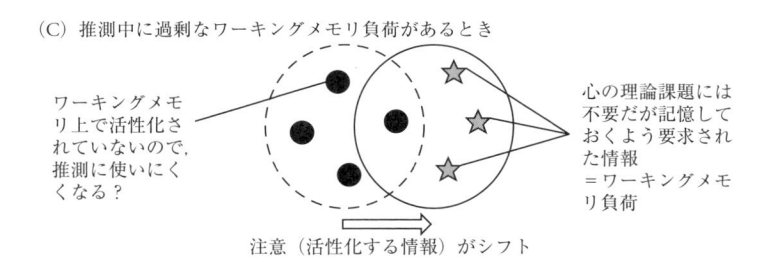

心の理論課題には不要だが記憶しておくよう要求された情報 ＝ワーキングメモリ負荷

注意（活性化する情報）がシフト

図 5．誤信念課題において想定されるワーキングメモリでの情報の活性の様子。(A) 登場人物が事実を知らないという情報は適切に活性化できているが，現在の事実に関する情報の活性が相対的に高い。(B) 登場人物が事実を知らないという情報の活性も現在の事実と同じぐらいに高くなっている。(C) 余計な情報（☆）をワーキングメモリ上で活性化しなければならないため，登場人物が事実を知らないという情報を利用可能性の高い状態にまで活性化できなくなり，推測判断に使用することができなくなっている。

関する情報は全てワーキングメモリ上で注意を当てられ，利用可能な状態になっているが，「現在の事実」に関する情報の利用可能性が最も高い（図5（A））。そこで，他の情報の利用可能性も高めることができれば，「現在の事実」を特別重視しない公正な推測判断が可能になる（図5（B））。しかし，そのようなときでも，ワーキングメモリに過剰な認知的負荷がかかっていれば（つまり関係のない余分な情報を活性し続けなければならないなら），ワーキングメモリの容量制限のせいで相対的に活性の弱い情報はワーキングメモリで利用可能な程度にまで活性化できなくなってしまう（図5（C））。したがって，活性が弱く，利用可能性の低い「相手は事実を知らない」という情報が推測に使用されずに，もともと最初の自動的過程で利用可能性の高かった情報，すなわち「現在の事実」という「自分は知っているが相手は知らない」情報を相手の心的状態の推測に使用してしまう。このようなプロセスを通して，ワーキングメモリ負荷が「自分の心的状態＝相手の心的状態」という誤った推測を生起させるのだと考えられる。以上のように，心の理論を使う際にはワーキングメモリにおける情報の活性化が必要であり，そのときに利用可能性の高い情報が相手の心的状態の推測に使用される。この仮説を「心の理論のワーキングメモリ説」と呼ぶことにする。

2-4．大人の予期せぬ移動課題

　私たちが他人の心を読むときにワーキングメモリ内でどのような情報処理が行われているかに関する簡単な説明モデルを提案した。それ

を検証するために必要なのは，子ども向けの誤信念課題のような比較的単純な構造の課題を大人向けに改変した課題である。もしワーキングメモリが心を読んでいる最中に必要不可欠な役割を担っているのであれば，子ども向けの誤信念課題と同じ構造の課題を成人参加者に対して用いたときでも，二次課題によるワーキングメモリ負荷が成績を低下させるはずである。そもそも子どもが心の理論課題を解いている最中にワーキングメモリがどのように機能しているかが問題であったはずなのに，大人を対象とした研究では子どもを対象とした研究で使用されてきた伝統的な誤信念課題の構造は無視されてしまい，人物の目の表情から感情を読み取る課題や (Baron-Cohen et al., 2001)，皮肉やユーモアといった高度な社会規則にもとづいた，複雑な社会的推論能力の要求される課題 (Happé, 1994) が使用される傾向にある。皮肉やユーモアを含む複雑な文章を材料として用いたときには，子ども向け誤信念課題で得られた知見との連続性を議論することが難しい。それでは，子ども向け誤信念課題の構造を大人向けの課題に改変するには，どのような工夫が必要だろうか。

　Birch & Bloom (2007) は，子ども向けの伝統的心の理論課題のひとつである予期せぬ移動課題を大人向けに改変した課題を用い，予期せぬ移動課題のような単純な構造の心的推測課題において，「自分は知っているが相手は知らない事実」にもとづいた偏った推測を大人でさえ行ってしまうことを示した。Birch & Bloom は大学生参加者に，登場人物が物体の移動後の位置を知らない誤信念物語を読ませ，最後に登場人物の行動について，いくつかの選択肢に対して確率を見積もるかたちで予想させた（図6）。Birch & Bloom (2007) の物語は以下のとおりで，［　］内は条件ごとにどれかひとつだけが呈示された。

ヴィッキーはヴァイオリンを弾き終わって，それを青色の箱に置きました。そして，外へ遊びに行きました。ヴィッキーが外で遊んでいる間に，妹のデニスがヴァイオリンを［他の箱／赤色の箱／紫色の箱］へ移動させました。そして，デニスは部屋の箱を下の絵のように並べなおしました。ヴィッキーが戻って来てヴァイオリンを弾きたいと思っています。ヴィッキーが最初にそれぞれの箱を探す確率はいくらでしょうか？　各箱の下に設けられた空欄にあなたの答えをパーセントで記入してください。

　各条件のうち「他の箱」は"知識なし条件"であり，読者自身もヴァイオリンの位置に関する特定の知識を持っておらず，したがって自分の知識を登場人物の知識に過剰に帰属することのない，いわば統制条件であった。「赤色の箱」は"妥当知識条件"であり，もともとヴィッキーがヴァイオリンを収納した青色の箱のあった位置にヴァイオリンが実際に入っている赤色の箱が移動してくる条件であった。妥当知識条件では赤色の箱に対して見積もられる確率が，知識なし条件における赤色の箱に対する確率よりも高くなると予想された。なぜなら，回答者は自分自身の知識を登場人物（ヴィッキー）も持っているかのように思い，その知識にもとづいた過剰推測をしてしまうと考えられるからである。「紫色の箱」は"非妥当知識条件"であり，最初にヴァイオリンの収納されていた青色の箱とは全く異なる位置に，実際にヴァイオリンが入っている紫色の箱が移動してくる条件であった。非妥当知識条件の紫色の箱に対する確率は，知識なし条件の紫色の箱に対する確率とほとんど変わらないと予想された。なぜなら回答者自身の知識を登場人物も持っていると思うにはあまりにも自然さを欠いているので，その知識にもとづいた過剰推測は起こりえないだろうと考えら

This is Vicki. She finishes playing her violin and puts it in the blue container. Then she goes outside to play.

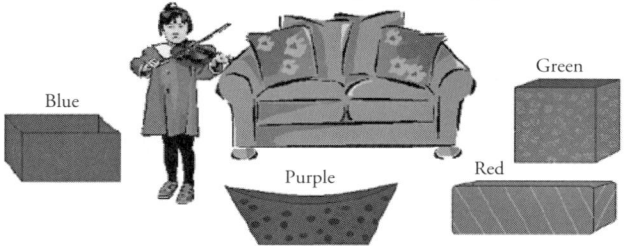

While Vicki is outside playing, her sister, Denise, moves the violin to the red container.

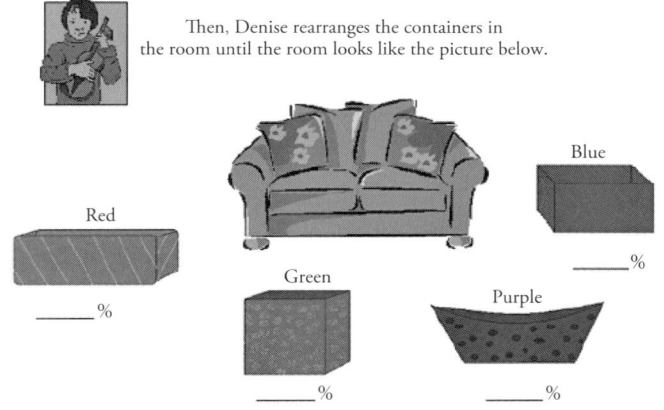

Then, Denise rearranges the containers in the room until the room looks like the picture below.

When Vicki returns, she wants to play her violin. What are the chances Vicki will first look for her violin in each of the above containers? Write your answers in percentages in the spaces provided under each container.

図6. Birch & Bloom (2007) で使われた大人向け予期せぬ移動課題（妥当知識条件）
(Birch, S. A. J., & Bloom, P. (2007). The curse of knowledge in reasoning about false beliefs. *Psychological Science, 18*, 382–386. Copyright 2007 by Association for Psychological Science. Reprinted by Permission of SAGE Publications)

れるからである。結果は上述の予想を支持しており，赤色の箱にヴァイオリンが移動した妥当知識条件における赤色の箱に対する確率は，知識なし条件の赤色の箱に対する確率よりも有意に高かったが，紫色の箱にヴァイオリンが移動した非妥当知識条件における紫色の箱に対する確率は，知識なし条件の紫色の箱に対する確率とは変わらなかった。したがって，大人であっても子どもと同じように，実際の自分自身の知識にもとづいて他者の心的状態や行動を予測していることがわかった。

　しかし，Birch & Bloom（2007）の課題では"知識なし条件"においてヴァイオリンが移動した後の箱を，回答者が当てずっぽうで推測して，その自分の推測を登場人物の行動にそのまま投影しているかもしれず，知識がないときでも「自分自身の心的状態＝相手（登場人物）の心的状態」と考えている可能性が否定できない。また，Birch & Bloomの課題では物体が移動した後，さらに箱が移動するという複雑なストーリーになっているため，課題の理解自体が大きなワーキングメモリ負荷になって，確率の過剰見積もりが生じている可能性もある。

　そこで次章で紹介する実験1では，Birch & Bloom（2007）の課題を改変して，より単純なストーリーの課題を作成する。そして，その課題を大学生に実施し，課題の妥当性と有用性を検証する。

第 3 章

知識の呪縛と《心の読みすぎ》

どんな種類の知識が《心の読みすぎ》を引き起こすのか？

3-1.【実験1】知識があると人の心を読みすぎる

　本章では，大人はどのような種類の知識を他者に過剰に帰属して，他者の心を読みすぎてしまうのかを心理学実験によって検証する。そのために，Birch & Bloom（2007）の課題の改良版を作成した。ここで，本実験に用いた課題（花子－太郎課題）のストーリーを図7に紹介しておこう。図1の子ども向け予期せぬ移動課題（サリー－アン課題）と見比べていただきたい。ストーリーが似通っていることにお気づきになるだろう。

　Birch & Bloom（2007）の課題は物体移動後も箱の位置が移動していたが，それだとストーリーが複雑になりすぎてしまう危険性がある。そこで，本実験では，箱は4つのままだが，物体が移動した後に箱の位置が変わらないストーリーに変更した。また，Birch & Bloom の課題では登場人物の行動を予想して最終的に4つの箱に確率を見積もらねばならなかったが，本実験では3つの箱に確率を見積もればよいストーリーに変更した。これらの変更によって，課題の複雑さや難しさの低減が期待でき，ワーキングメモリに認知的負荷をかけない課題になったと考えられる。それでは，どのような心理学実験を実施したのか，詳しく見ていくことにする。

実験の方法

　大学生152名（平均年齢20.5歳；男性55名・女性97名）が質問用紙を用いた実験に参加した。参加者は「妥当知識条件」「非妥当知識条

件」「知識なし条件」（後述）のストーリーのうち，どれかひとつだけが配られた。

　Birch & Bloom（2007）は登場人物が最初に物を入れた青色の箱と同じ位置にある赤色の箱の中を探すのは自然なことなので，参加者は「赤色の箱の中に物がある」（妥当知識条件）という自分の知識を登場人物の心的状態に過剰帰属したが，最初の青色の箱とは異なる位置にある紫色の箱の中を探すのは不自然なので，「紫色の箱の中に物がある」（非妥当知識条件）という知識を持っていても，その知識を登場人物の心的状態へ過剰帰属することはなかったと考えた。つまり，特定の知識が私たちの常識と一致する自然な行動を導くときに，その知識にもとづいて相手も行動すると推測してしまうのだと言える。

　そこで，本実験でも Birch & Bloom（2007）が示した知識の妥当性の影響を追試するために，妥当知識条件と非妥当知識条件を設定した。本実験の参加者とは別の74名の大学生を対象として予備調査を行った。予備調査では，最後の4コマ目を除いた「知識なし条件」を参加者に読ませ，「もしあなたが花子さんなら，次にすぐ隣の箱を探しますか，それとも離れた所にある箱を探しますか？」と二択回答方式で尋ねた。その結果，97.3％の参加者が「隣の箱」と回答した。これは本研究のストーリーにおいて最初に探した箱の隣の箱を探すのが私たちの常識と一致する妥当な行動であることを示している。逆に「離れた所にある箱」を探すのは典型的な行動ではないと考えられる。したがって，探し物が最初に探した箱の隣にある縦縞模様の箱に入っているときを「妥当知識条件」，少し離れたレンガ模様の箱に入っているときを「非妥当知識条件」とした。

　本実験で用いたストーリーは4つの場面から構成されており，以下のとおりであった。ちなみに，場面②の3つの条件は，各参加者に対

第 3 章　知識の呪縛と《心の読みすぎ》

✂ 花子・太郎課題

①部屋の中にはふたのついた4つの空の箱があります。花子さんが部屋へ入ってきて，使い終わったハサミを網目模様の箱にしまって，部屋の外へ出て行きました。

②花子さんが部屋を出たすぐあとに，太郎さんが入ってきて，ハサミを探し出して使いました。

③太郎さんはハサミを縦縞模様の箱にしまって，部屋から出て行きました。

④それを知らない花子さんが部屋へ戻ってきて，もう一度ハサミを使おうと思い，網目模様の箱を見ましたが，ハサミはありませんでした。花子さんは次にどの箱を探すでしょうか？

図 7．本研究で用いた大人向け予期せぬ移動課題（妥当知識条件）

51

して1つだけが呈示された。

　① 部屋の中には，ふたのついた4つの空の箱があります。花子さんは部屋へ入ってきて，使い終わったハサミを網目模様の箱へしまい，部屋の外へ出てゆきました。
　② 花子さんが部屋を出たすぐあとに，太郎さんが入ってきて，ハサミを探し出して使ったあと，
　―妥当知識条件：縦縞模様の箱の中にハサミをしまい，
　―非妥当知識条件：レンガ模様の箱の中にハサミをしまい，
　―知識なし条件（統制条件）：ハサミを持ったまま，
太郎さんは部屋から出てゆきました。
　③ それを知らない花子さんが部屋へ戻ってきて，もう一度ハサミを使おうと思い，網目模様の箱の中を見ましたが，ハサミはありませんでした。
　④ そこで，花子さんは他の箱の中も探してみることにしました。次にどの箱の中を探すでしょうか？　それぞれの箱を探す確率を予想して，3つの箱の合計が100％になるように，右の絵の（　）の中に数値を回答してください。

　実際に実験に使用した物語は4コマ漫画形式で，A4用紙片面1枚に収まるように配置された（図8）。各コマの左側にはストーリーが，右側には箱の位置と物体の移動が図示された。
　参加者がハサミの実際の位置に関する具体的な知識を持っている妥当知識条件と非妥当知識条件において，ハサミが実際に入っている箱に対して見積もられた確率が，知識なし条件の同じ箱に見積もられた確率よりも高くなるかどうかを検討する。もしハサミが実際に入っている箱の確率が，知識なし条件の同じ箱（つまりハサミが入っていない

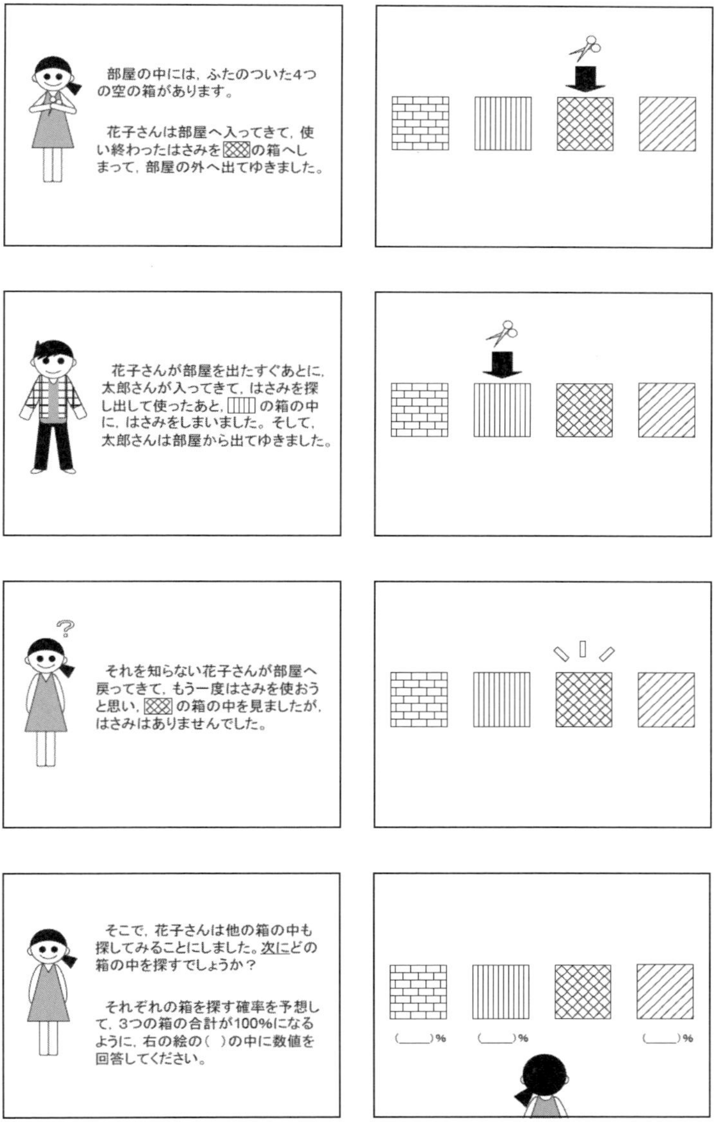

第 3 章　知識の呪縛と《心の読みすぎ》

図 8．実験 1〜実験 4 で実際に使われた大人向け予期せぬ移動課題の材料（妥当知識条件）

場合）の確率よりも高くなっていれば，「自分自身の知識＝登場人物の知識」だと考えてしまう程度が大きくなっていたのだと判断できる。

実験の結果

　実験参加者が見積もった確率の平均値を表1にまとめた。実際にハサミが入っている箱に対して高い確率が見積もられたかどうかが興味の中心である。

　縦縞模様の箱に対して見積もられた確率を表1から抜き出して図9に示した。それらの縦縞模様の箱に対して見積もられた確率に対して分析を行った結果，妥当知識条件の確率は，知識なし条件の確率よりも有意に高いことがわかった[1]。

　続いて，レンガ模様の箱に対して見積もられた確率を表1から抜き出して図10に示した。レンガ模様の箱に対して見積もられた確率に対して，先の縦縞模様の箱と同じ分析を行ったが，非妥当知識条件の確率は，知識なし条件の確率との間に有意差がないことがわかった[2]。

　以上の結果から，実験参加者は妥当知識条件では現在の事実に関する自分の知識を物語の登場人物に過剰に帰属して，登場人物が現在の事実にもとづいた行動を取る確率を高く見積もってしまったが，非妥当知識条件ではそのような過剰帰属を行わなかったということが言える。

---

1) 1要因被験者間分散分析における知識の種類の主効果（$F(2, 149) = 6.34$, $MSE = 206.46$, $p = 0.002$, $\eta^2 = 0.078$）および Tukey's HSD テスト（$p = 0.005$, $d = 0.479$）
2) 1要因被験者間分散分析における知識の種類の主効果（$F(2, 149) = 4.26$, $MSE = 149.41$, $p = 0.016$, $\eta^2 = 0.054$）および Tukey's HSD テスト（$p = 0.562$, $d = 0.204$）

表1. 各条件に見積もられた確率の平均値(実験1)

知識の条件 (ハサミの位置)		箱			
		レンガ模様	縦縞模様	網目模様	斜線模様
妥当知識条件 (ハサミは縦縞模 様の箱)		18.00 (9.12)	**46.23** **(14.20)**	登場人物・ 花子が最初 にハサミを 探した箱	35.77 (12.26)
非妥当知識条件 (ハサミはレンガ 模様の箱)		**25.35** **(12.65)**	36.16 (10.98)		38.48 (11.80)
知識なし条件 (ハサミは場面か ら消失)		22.58 (14.54)	39.00 (15.97)		38.42 (16.30)

注:括弧内は標準偏差

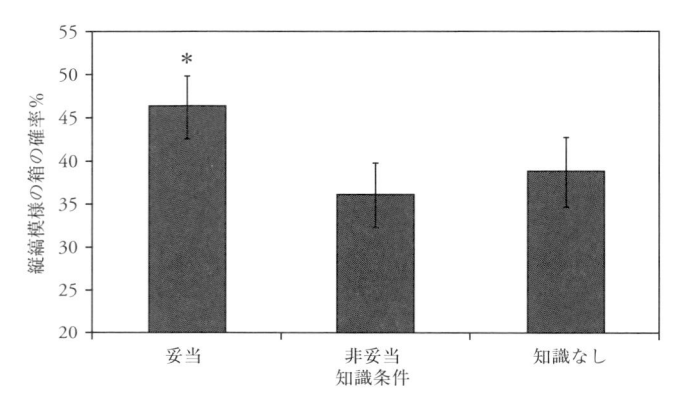

図9. 実験1の各条件において縦縞模様の箱に見積もられた確率の平均値。エラーバーは95％信頼区間。アスタリスク（*）は有意に大きな確率を示している。

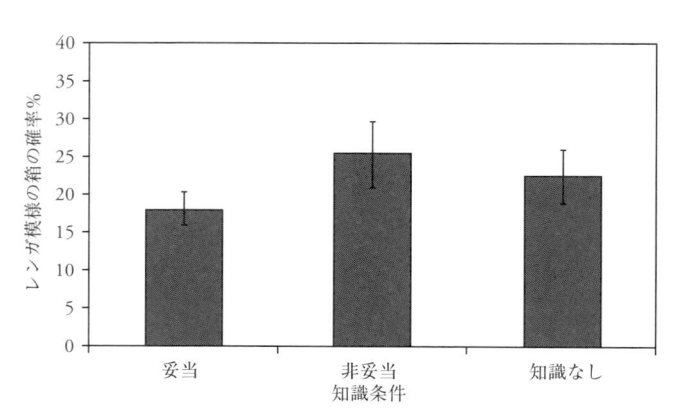

図10. 実験1の各条件においてレンガ模様の箱に見積もられた確率の平均値。エラーバーは95％信頼区間。

3-2. 《心の読みすぎ》を招く知識の特徴

　本章の実験の結果は，Birch & Bloom (2007) が示したように，大人が他人の心的状態を推測して行動を予測するときに，「妥当な知識」のみをその人に過剰に帰属してしまうことを実証したものである。したがって，Birch & Bloom を改変した別の課題で，その結果を再現することに成功したと言える。

　ひとつ注意しておきたいのが，本実験で用いた課題では登場人物が誤信念（あるいは正信念も）持っていなかったということである。つまり，この課題は「あいまい信念課題」ということになるかもしれない。それにもかかわらず，本課題は Birch & Bloom (2007) の課題と課題構造の点で同等である。どちらの課題も，事実を知らされた回答者がその事実を知らない物語の登場人物の心的状態を推測するよう求められ，回答者は自分自身の知識に偏った推測に抵抗しなければならない。本研究の目的は，過剰なワーキングメモリ負荷がそのような偏った推測を促進するかどうかを検討することである。つまり，本研究における課題構造の最も肝心な点は，誤信念の存在に関わらず，事実を知っている実験参加者が事実を知らない他者の心的状態を推測するということである。したがって，本実験で開発した課題は誤信念課題ではないが，本研究の目的に適っており，心の理論問題の解決における困難の中心的な問題を適切に捉えていると言える。

　本実験の結果を前章で提案したワーキングメモリによる説明モデルで解釈すると以下のようになるだろう。「現在の事実」に関する情報はワーキングメモリ内で活性が強く，利用可能性の高い情報だと言え

る。したがって，登場人物の心的状態の推測において優先的に利用され，その情報にもとづいた過剰推測をしてしまうのだと考えられる。それと比較したときに，「相手はその知識を持っていない」という情報は，ワーキングメモリ内で相対的に活性の弱い，利用可能性の低い情報だと言える。私たちはどうしても利用可能性の高い情報を用いて相手の心的状態を推測してしまうため，「自分が知っている現在の事実を相手も知っている」と思い込んでしまうのである。ただし，私たちは現在の事実に関する自分の知識を何でも他者の心的状態に過剰帰属するわけではない。自分の知っている「現在の事実」があっても，その情報に相手の判断や行動が影響されるのが不自然なら，それが相手の心的状態に過剰帰属されることはない。「現在の事実」が相手の自然な行動を導く，あるいは相手が知っていても不自然ではない妥当な範囲にあるときにのみ，相手の心的状態に過剰帰属される。この「知識の妥当性」は「心の読みすぎ」が引き起こされる重要な条件のひとつだと考えられる。

第 **4** 章

ワーキングメモリ負荷と《心の読みすぎ》

考えることが多すぎると《心の読みすぎ》を招くのか？

4-1.【実験2】読みすぎないときでも，ワーキングメモリへの負荷で読みすぎる①

　実験1でも見たように，私たちは自分の持っている知識の種類によっては，気づかないうちに「自分の知識＝相手の知識」だと考えてしまう。それでは，どのような条件のもとで，「自分の知識＝相手の知識」という間違った思い込みが抑制されたり，あるいは逆に助長されたりするのだろうか。実験2では，実験1で作成した大人向け心の理論課題を用いて，自分の知識にもとづいた他者の心的状態の過剰推測を回避するための条件と過剰推測の回避が無効になってしまう条件を実証的に明らかにしてゆく。

　状況を慎重に吟味したり，再度確認しなおしたりするなどの作業によって，ワーキングメモリにおける「相手は事実を知らない」という情報の活性を強めることができたなら，自分の知識にもとづいた過剰推測は低減したり消失する可能性がある。実際に，子どもを対象とした心の理論研究では，登場人物の心的状態を慎重に考えるよう言われたり（Wimmer & Perner, 1983），物語を読み直したりすると（Lewis, Freeman, Hagestadt, & Douglas, 1994），心の理論課題の成績が向上することが示唆されている。また逆に，心的状態の推測をしている最中に，ワーキングメモリに過剰な認知的負荷を課したなら，自分の知識にもとづいた過剰推測が生じないような状況でも，「登場人物は事実を知らない」という情報をワーキングメモリで活性化できなくなり，自分の知識に偏った推測が増大するかもしれない。それでは，本実験で使用する大人向け心の理論課題の中で，心的状態の推測中にワーキング

メモリに対して効率的に認知的負荷をかけるには，どのような方法が考えられるだろうか。

　ワーキングメモリの役割には直接言及はしていないが，ワーキングメモリ負荷が周辺情報を使いにくくさせ，顕著な目立つ情報にもとづいた自動的な反応を助長することを示唆する研究はいくつか存在している。Gilbert, Pelham, & Krull (1988) の実験 1 では，実験参加者に女性がインタビュー場面で落ち着きなくしている様子の無声映像を見せ，その女性のふだんの性格特性がどれほど強い不安傾向を持っているか評定させた。半数の参加者は「旅行」という中立的なテーマで話し合っていると教示され，もう半数の参加者は「性的妄想」という潜在的にストレスフルなテーマで話し合っていると教示された。また，それぞれのテーマの半数の参加者は特に何もせずに映像を見て（低記憶負荷群），もう半数はさまざまな事柄を覚えておきながら映像を見た（高記憶負荷群）。その結果，低記憶負荷群では中立的なテーマにもかかわらず落ち着きのないときのほうが，ストレスフルなテーマで落ち着きのないときよりも，ふだんの不安特性は強いだろうと評価された。ところが，高記憶負荷群では両方のテーマで評価された不安特性に差はなかった。これは，ワーキングメモリへの高い認知的負荷がインタビューのテーマという背景情報を考慮することを妨害したため，映像の女性の行動のみがその女性の性格特性を推測する手がかりとして使用されてしまったからだと考えられる。このような，状況を考慮せずに人物の特定の行動をそのままその人の性格特性だと考えてしまう行動−特性一致バイアスの増加は，Gilbert & Osborne (1989) やTrope & Gaunt (2000) において 8 桁の数字という記憶負荷を課したときにも追認されている。また，Hodges & Wegner (1997) は家の構造や家具の配置に関する文章を，泥棒の視点で読むように，あるいは泥棒

第 4 章　ワーキングメモリ負荷と《心の読みすぎ》

の視点で読まないように教示した参加者たちのそれぞれ半数ずつに，6 桁の数字を覚えながら（高記憶負荷群），あるいは 1 桁の数字を覚えながら（低記憶負荷群）文章を読ませ最後に自由再生を要求した。その結果，泥棒の視点で読むように教示された条件では，高記憶負荷群のほうが低記憶負荷群よりも泥棒にとって重要な事柄の記憶成績が低く，泥棒の視点で読まないように教示された条件では，高記憶負荷群のほうが低記憶負荷群よりも泥棒にとって重要な事柄の記憶成績が向上したのである。つまり，文章読解時の記憶負荷が高いときには，特定の視点を取ろうとしたり，抑制しようとしたりする制御的調整が無効になることが示唆された。本研究でも，以上の先行研究にならって，2 文字あるいは 7 文字からなる無意味英語つづりをそれぞれワーキングメモリ負荷が低い材料あるいはワーキングメモリ負荷が高い材料として，物語の登場人物の心的状態を推測している間中，覚えておくという方法によってワーキングメモリ負荷の操作を行った。

　もし心的状態の推測時に高いワーキングメモリ負荷が課せられたならば，ワーキングメモリの容量制限によって，推測判断には必要であるにもかかわらず利用可能性の低い情報はワーキングメモリで活性化できなくなってしまう。すると，不適切な推測を導くにもかかわらずワーキングメモリで顕著に活性化している利用可能性の高い情報を用いて推測を行ってしまう。つまり，本研究で使用する大人向け心の理論課題においては，推測者しか持っていない「現在の事実に関する知識」にもとづいて物語の登場人物が行動する確率をより高く見積もってしまうことが予測できる。

実験の方法

 大学生 227 名（男 109 名，女 118 名；平均年齢 19.0 歳）が調査冊子を用いた集団実験に参加した。前章の実験と同様に太郎さんがハサミを移動する位置の違いによる3つの知識条件（妥当知識［縦縞模様の箱］/非妥当知識［レンガ模様の箱］/知識なし［部屋の外へ持ち出す］）に，心的状態推測時に記憶するよう要求される2種類の記憶材料（2文字の無意味英語つづり［低ワーキングメモリ負荷］/7文字の無意味英語つづり［高ワーキングメモリ負荷］）を組み合わせた，計6種類のA4サイズの調査冊子を作製した。各参加者にはそのうちのどれか1つが無作為に配られた。

 実験は授業終了後の教室において集団で行われた。実験者が教壇に立ってストップウォッチで計時しながら，各ページの制限時間に達したらすぐに，参加者に対して一斉にページをめくる合図を出した。参加者には，前のページに戻ってはいけないし，実験者の合図なしには決して次のページへ進んではいけないと強く教示した。本課題に取り組む前に，関係のない課題を用いて実験者の「ページをめくってください」という合図に従って冊子のページをめくる練習を行った。この練習によって，参加者は実験者の合図と同時に冊子のページをめくることができるようになった。

 参加者が心の理論物語を十分に理解した後にワーキングメモリ負荷を課し，その状態で登場人物の心的状態の推測を行えるよう冊子を構成した。実験の流れを模式的に示すと図11のようになる。本課題の1ページ目には物語の場面①・場面②・場面③までが呈示され，参加者にはそれを読むために45秒が与えられた。2ページ目に進む前に「あとで記憶テストをしますので，次のページの無意味な英単語を覚

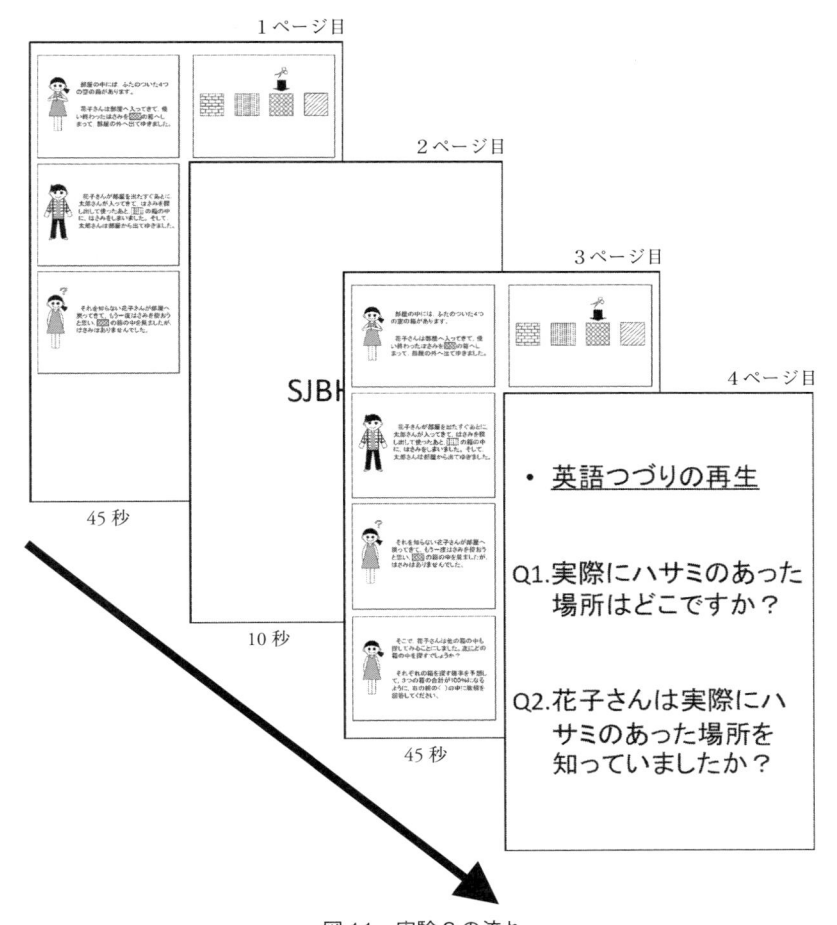

第4章 ワーキングメモリ負荷と《心の読みすぎ》

図11. 実験2の流れ

えてください」と教示した。2ページ目にはワーキングメモリ負荷となる2文字あるいは7文字の無意味英語つづり（例：BH あるいは SJBHLZR）が書かれており，それを記憶するために10秒が与えられた。2文字あるいは7文字の無意味英語つづりは，全て英語の子音だけで構成されており，それぞれ低ワーキングメモリ負荷と高ワーキングメモリ負荷を想定している。3ページ目には物語が4コマ全て，すなわち心的状態の推測が問われる場面④まで物語の全部が描かれており，参加者は物語を読み直して登場人物の行動の選択肢に対して確率を見積もるよう求められた。3ページ目の心的推測判断には制限時間を設けなかったが，3ページ目に進んでから45秒が経過した時点で「確率を解答し終わったら次のページへ進んでも構いません」と指示した。そして，4ページ目では，無意味英語つづりを再生することが要求され，さらに物語の内容に関する記憶質問が用意された。記憶質問の1問目は「物語の最後の場面で，実際にハサミのあった場所はどこですか？」で，参加者は3つの選択肢（"縦縞模様の箱"，"レンガ模様の箱"，"ハサミは持ち去られた"）から解答を選択した。また，記憶質問の2問目は「物語の最後の場面において，花子さんは実際にハサミのある場所を知っていましたか？」というもので，参加者は"知っていた""知らなかった"の2つの選択肢から解答を選んだ。4ページ目の記憶質問には制限時間は設けなかった。全ての質問に解答後，参加者は冊子を提出して教室から退出した。

　以上のような冊子構成は，ワーキングメモリ負荷が課せられる前のページにおいて，十分な時間をかけて物語を読んでストーリーを深く理解させることを可能にした。さらに，心的状態の推測場面で再度ストーリーを呈示することによって，物語の読解と想起そのものに関わるワーキングメモリ負荷を最小限に抑えることを試みた。結果的に物

語を2度読むことによって,「登場人物は探し物の場所を知らない」という本来は活性の弱い情報が,より強固な活性の強い情報としてワーキングメモリに定着し,心的状態の推測に際して適切に利用され,「探し物の実際の場所に関する自分自身の知識」を登場人物の心的状態に過剰帰属することを回避できると予想される。しかしながら,そこに過剰なワーキングメモリ負荷が課せられることによって,ワーキングメモリの容量限界のせいで「登場人物の無知」から注意が外れて活性が低下し,「自分自身の知識」を登場人物の心的状態に過剰帰属してしまうことが予想される。

実験の結果

登場人物の行動に対して見積もられた確率

見積もられた確率の合計が100％にならなかった参加者5名のデータは以下の分析から除外した。各条件におけるそれぞれの箱に対して見積もられた確率の平均値を表2にまとめた。

本実験の主要な目的は2つある。1つ目は物語の読み直しによって,自分自身の知識を登場人物の心的状態に過剰帰属する程度が低減するかどうかを検討することである。2つ目はワーキングメモリに対する高い認知的負荷によって自分自身の知識を他者の心的状態に帰属する程度が増大するかどうかを検討することである。もし過剰に認知的負荷をかけられたワーキングメモリが,相手の無知という情報の利用可能性を低下させて現在の状態に関する情報の利用可能性を高めるなら,7文字の無意味英語つづりを覚えるよう言われた参加者のほうが,2文字の無意味英語つづりを覚えるよう言われた参加者よりも,自分自身の知識にもとづいて(その知識を持たない)登場人物が行動する確

率を高く見積もることが予想される。

　以下では，ハサミの位置に関する知識の種類とワーキングメモリ負荷の影響を調べるために，縦縞模様の箱とレンガ模様の箱に見積もられた確率のそれぞれに対して，物体の位置に関する知識の種類とワーキングメモリ負荷の高低によって確率が違ってくるかどうかを分析した。

　最初に，縦縞模様の箱に見積もられた確率を表2から抜き出して図12にまとめた。それら縦縞模様の箱の確率に対する分析の結果，知識の種類の違いだけでは全体的な条件間の差は見られなかった[3]。また，ワーキングメモリ負荷の高低だけでも全体的な差は生まれなかった[4]。しかし，ワーキングメモリ負荷が異なれば，知識の種類が確率の見積もりに異なる影響を与えているようだった[5]。

　そこで，ワーキングメモリ負荷の高低別に分けて，知識の種類によって確率の見積もりが違ってくるかどうかを分析した。その結果，低ワーキングメモリ負荷（2文字の無意味英語つづり）のときは，知識の種類による確率の差は見られなかった[6]。この結果は，心的状態の推測時にほとんどワーキングメモリ負荷がないときには，読み返しの効果によって，前章（実験1）の妥当知識条件で見られたような自分の知識の過剰帰属は見られなくなることを示唆している。一方，高ワーキングメモリ負荷（7文字の無意味英語つづり）のときには，知識の種類が異

---

[3]　2要因被験者間分散分析における知識の種類の主効果（$F(2, 216) = 1.73$，$MSE = 336.50$，$p = 0.180$，$\eta^2 = 0.016$）

[4]　2要因被験者間分散分析におけるワーキングメモリ負荷の主効果（$F(1, 216) = 0.07$，$MSE = 13.53$，$p = 0.792$，$\eta^2 < 0.001$）

[5]　2要因被験者間分散分析における交互作用（$F(2, 216) = 3.61$，$MSE = 704.42$，$p = 0.029$，$\eta^2 = 0.032$）

[6]　1要因被験者間分散分析における知識の種類の主効果（$F(2, 106) = 0.43$，$MSE = 202.10$，$p = 0.652$，$\eta^2 = 0.008$）

第4章　ワーキングメモリ負荷と《心の読みすぎ》

表2．各条件に見積もられた確率の平均値（実験2）

知識の条件 （ハサミの位置）	記憶項目	箱			
		レンガ模様	縦縞模様	網目模様	斜線模様
妥当知識条件 （ハサミは縦縞 模様の箱）	2文字	22.24 (9.82)	38.05 (9.96)	登場人物・ 花子が最初 にハサミを 探した箱	39.70 (11.02)
	7文字	19.08 (11.14)	**45.63** **(15.18)**		35.29 (12.63)
非妥当知識条件 （ハサミはレン ガ模様の箱）	2文字	20.44 (18.13)	41.06 (18.61)		38.50 (15.74)
	7文字	**25.53** **(14.75)**	37.58 (12.18)		36.89 (13.06)
知識なし条件 （ハサミは場面 から消失）	2文字	22.86 (15.07)	38.92 (12.11)		38.22 (11.88)
	7文字	21.70 (10.35)	36.30 (13.04)		42.00 (14.78)

注：括弧内は標準偏差

なれば見積もられる確率も異なる可能性が示唆された[7]。さらに詳細な分析によって個々の確率どうしを比較した結果，縦縞模様の箱に見積もられた確率は，ハサミがレンガ模様の箱にあるとき（37.58％）とハサミが場面からなくなってしまうとき（36.30％）に差はなかったが，それら2つの条件のときよりもハサミが縦縞模様の箱にあるときの確率（45.63％）は有意に高いことがわかった。これらの結果は，高ワーキングメモリ負荷のもとでは，物の実際の場所に関する知識が登場人物の妥当な行動の範囲にあれば，その知識が登場人物の行動の推測に対して過剰に影響してしまうことを示唆している。

さらに縦縞模様の箱に見積もられた確率に関して，知識の種類の違いによるワーキングメモリ負荷の影響を調べるために，知識の種類の条件ごとに高ワーキングメモリ負荷条件と低ワーキングメモリ負荷条件とを比較する分析を行った。妥当知識条件（ハサミが縦縞模様の箱にあるとき）では，推測のときに7文字の無意味英語つづりを覚えていた参加者（45.63％）のほうが，2文字の無意味英語つづりを覚えていた参加者（38.05％）よりも有意に高い確率を見積もっていた[8]。しかしながら，非妥当知識条件[9]（ハサミがレンガ模様の箱にあるとき）と知識なし条件[10]（ハサミが部屋の外に持ち去られるとき）では，無意味英語つづりが2文字であろうと7文字であろうと有意な差はなかった。

次に，レンガ模様の箱に対して見積もられた確率を表2から抜き出

---

[7] 1要因被験者間分散分析における知識の種類の主効果（$F(2, 110) = 5.14$, $MSE = 188.02$, $p = 0.007$, $\eta^2 = 0.085$）

[8] 1要因被験者間分散分析におけるワーキングメモリ負荷の主効果（$F(1, 73) = 6.33$, $MSE = 170.17$, $p = 0.014$, $\eta^2 = 0.080$）

[9] 1要因被験者間分散分析におけるワーキングメモリ負荷の主効果（$F(1, 72) = 0.89$, $MSE = 251.52$, $p = 0.349$, $\eta^2 = 0.012$）

[10] 1要因被験者間分散分析におけるワーキングメモリ負荷の主効果（$F(1, 71) = 0.77$, $MSE = 162.99$, $p = 0.384$, $\eta^2 = 0.011$）

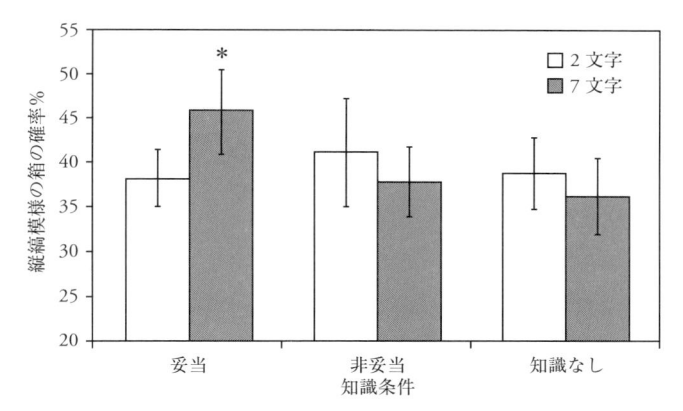

第4章　ワーキングメモリ負荷と《心の読みすぎ》

図12. 実験2の各条件において縦縞模様の箱に見積もられた確率の平均値。白色の棒は2文字の無意味英語つづりを覚えたとき（低ワーキングメモリ負荷），灰色の棒は7文字の無意味英語つづりを覚えたとき（高ワーキングメモリ負荷）。エラーバーは95％信頼区間。アスタリスク（＊）は有意に大きな確率を示している。

して図13にまとめた。レンガ模様の箱に対する分析を行った結果，知識の種類が異なっても見積もられる確率に全体的な違いは見られず[11]，ワーキングメモリ負荷の高低も全体的な確率の見積もりには影響を与えず[12]，さらにワーキングメモリ負荷の違いによって知識の種類の影響が異なるということもなさそうだった[13]。これらの結果は，ワーキングメモリへの認知的負荷や知識の種類を変えたからといって，レンガ模様の箱に対する確率の見積もりはそれほど大きく変化しないことを意味している。したがって，心的状態の推測時にたとえワーキングメモリに高い認知的負荷が課せられていても，事実に関する知識（ここでは物の実際の位置）が登場人物の自然な行動を誘発しうる範囲の外にあるときには，その知識にもとづいた過剰推測は起こらないことが示された。

無意味英語つづりの記憶

　無意味英語つづりが正しく再生されたかどうかを評価するために，解答の頭から正しい順序で再生された文字の数を最初に誤答文字が現れるまで数え，それを正再生文字数とし，再生すべき文字数に対する正再生文字数の割合を計算した。例えば，"SJBHLZR"が正解だったとすると，ある解答"SJBHZR"は5文字目が間違っているので正再生文字数は4で，その割合である正再生率は0.57（= 4/7）である。この採点方法は，最初に誤答が出現して以降はたとえ正しい文字が再生

---

[11] 2要因被験者間分散分析における知識の種類の主効果（$F(2, 216) = 0.57$, $MSE = 105.90$, $p = 0.569$, $\eta^2 = 0.005$）
[12] 2要因被験者間分散分析におけるワーキングメモリ負荷の主効果（$F(1, 216) = 0.02$, $MSE = 3.55$, $p = 0.792$, $\eta^2 < 0.001$）
[13] 2要因被験者間分散分析における交互作用（$F(2, 216) = 1.83$, $MSE = 343.17$, $p = 0.163$, $\eta^2 = 0.017$）

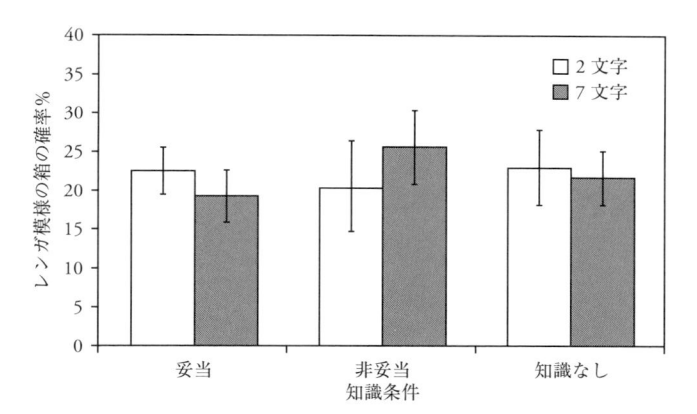

第 4 章 ワーキングメモリ負荷と《心の読みすぎ》

図 13. 実験 2 の各条件においてレンガ模様の箱に見積もられた確率の平均値。白色の棒は 2 文字の無意味英語つづりを覚えたとき（低ワーキングメモリ負荷），灰色の棒は 7 文字の無意味英語つづりを覚えたとき（高ワーキングメモリ負荷）。エラーバーは 95％信頼区間。

されていても正解に数えない。なぜならそれが本当に正しい位置に再生されたかどうかを判断することができないからである（上記の例だと，ZとR）。正再生率の平均値を表3にまとめた。知識の種類とワーキングメモリ負荷がそれぞれ無意味英語つづりの記憶成績にどのような影響を与えたかを分析した結果，7文字の無意味英語つづりのほうが，2文字の無意味英語つづりよりも正再生率が低いことが示された[14]。しかしながら，知識の種類が異なっても記憶成績は変わらず[15]，知識の種類の違いによって記憶成績に対するワーキングメモリ負荷の影響が異なるということもなかった[16]。つまりこれは，知識の種類（ストーリーの種類）が異なっても，無意味英語つづりの記憶成績には違いが生じていなかったことを意味している。したがって，7文字の無意味英語つづりを覚えることは，2文字の無意味英語つづりを覚えるよりも（ストーリーの種類に関係なく）高いワーキングメモリ負荷を課していたということが示唆された。つまり，本実験で用いた無意味英語つづりの記憶によるワーキングメモリ負荷の操作はねらいどおりに機能していたと言える。

物語内容の記憶

物語に関する記憶質問1「実際にハサミのあった場所はどこですか？」の正答率を表4にまとめた。記憶質問1に偶然正解する確率は33.33％であり，全ての条件の正答率はこの偶然正答率を明らかに

---

[14] 2要因被験者間分散分析におけるワーキングメモリ負荷の主効果（$F(1, 216) = 13.16$, $MSE = 0.59$, $p < 0.001$, $\eta^2 = 0.057$）

[15] 2要因被験者間分散分析における知識の種類の主効果（$F(2, 216) = 0.33$, $MSE = 0.02$, $p = 0.722$, $\eta^2 = 0.003$）

[16] 2要因被験者間分散分析における交互作用（$F(2, 216) = 0.03$, $MSE = 0.002$, $p = 0.967$, $\eta^2 < 0.001$）

表 3. 正しい位置に再生された文字の割合の平均値（実験 2）

記憶項目	知識の条件		
	妥当知識	非妥当知識	知識なし
2 文字	0.97 (0.16)	0.97 (0.17)	1.00 (0.00)
7 文字	0.86 (0.29)	0.88 (0.27)	0.89 (0.23)

注：括弧内は標準偏差

表 4. 物語の内容に関する記憶質問において正しい選択肢を選んだ参加者の割合（実験 2）

記憶項目	知識の条件		
	妥当知識	非妥当知識	知識なし
最後の場面におけるハサミの実際の位置 (偶然正答率：33.33%)			
2 文字	94.87	97.37	97.30
7 文字	89.47	89.74	97.30
登場人物・花子がハサミの位置を知らないこと (偶然正答率：50%)			
2 文字	100	100	100
7 文字	100	97.44	100

上回っていた。無意味英語つづりによるワーキングメモリ負荷が物語内容の記憶に干渉していたか否かを調べるために分析を行った結果，全てのストーリーにおいて正答率に有意な差は見られなかった[17]。続いて，特に覚えにくいストーリーがなかったかどうかを調べるために，ワーキングメモリ負荷条件ごとに分析を行ったところ，他よりも正答率が低くなるストーリーは見られなかった[18]。以上より，参加者は物語の内容をよく覚えており，それは高ワーキングメモリ負荷によって干渉され忘却されてはいなかったことが確認できたと言える。

物語に関する記憶質問2「物語の最後の場面において，花子さんは実際にハサミのある箱を知っていましたか？」の正答率を表4にまとめた。記憶質問2に偶然正解する確率は50％だったが，ほぼ全員が正解したことから，登場人物（花子）が物体（ハサミ）の実際の位置に関して無知であったことを参加者は理解していたと言える。

実験結果に対する考察

本研究では，子どもを対象とした心の理論課題のひとつである"予期せぬ移動課題"に類似したストーリーと構造を有した課題を大学生参加者に実施し，登場人物の心的状態あるいは行動を推測している最中に参加者のワーキングメモリに認知的負荷を課して，その推測が子どものような自分の知識に偏った傾向になるか否かを検討した。その結果，高いワーキングメモリ負荷を課せられた参加者は，登場人物は

---

[17] χ^2 検定（妥当知識条件，$\chi^2(1) = 0.78$, $p = 0.377$；非妥当知識条件，$\chi^2(1) = 1.84$, $p = 0.175$；知識なし条件，$\chi^2(1) = 0.00$, $p = 1.00$）

[18] χ^2 検定（低ワーキングメモリ負荷条件，$\chi^2(2) = 0.46$, $p = 0.795$；高ワーキングメモリ負荷条件，$\chi^2(2) = 2.03$, $p = 0.362$）

第4章　ワーキングメモリ負荷と《心の読みすぎ》

知らないが自分は知っている事実が登場人物の行動を導きうる自然な範囲にあるとき（妥当知識条件）にのみ，その自分自身の知識にもとづいて登場人物が行動するだろう確率を高く見積もった。一方，ワーキングメモリ負荷をほとんど課せられなかった参加者は，そのような自分自身の知識にもとづいた過剰推測をしなかった。それどころか，物語を読み直したことによって，前章の実験で見られたような自分自身の知識にもとづいた過剰推測が消失した。

　また，参加者の物語の内容に関する記憶はワーキングメモリ負荷の干渉によって忘却されることはなかった。特に「登場人物は物体が本当にある場所を知らない」という物語の内容が忘却されていたために，自分自身の知識にもとづいた過剰推測が起こっていたのではないことが確認された。

　本研究の結果は，他者の心的状態の推測時に必要な情報が適切に活性化されて利用可能性が高まっていなければ，自分の現在の知識を相手の知識に過剰に帰属してしまう傾向が強まってしまい，自分の知識にもとづいた確率の過剰見積もりが生じたということを示唆している。しかしながら，それほど高いワーキングメモリ負荷を課せられていなかった参加者は妥当な知識（＝登場人物がアプローチしうる範囲にある知識）があっても過剰推測をしないという本研究の結果は，Birch & Bloom（2007）や前章の実験で観察されたようなワーキングメモリ負荷が課せられていないにもかかわらず妥当な知識にもとづいた過剰推測が観察されたという先行研究の報告とは異なっている。本研究の課題は前章の実験の課題と同じ材料を用いたが，その大きな違いは実施方法にある。前章の研究では物語の読解に何の制限も設けなかったので，参加者は普通に1度読んだだけで登場人物の行動の予測，すなわち確率の見積もりを行ったと思われる。ところが，今回の課題では

参加者はストーリーを2回読まされたうえで登場人物の行動の予測を行わねばならなかったため，読み返しを行うことによって物語内容の記憶表象がより強固なものになったと考えられる。したがって，物語を2度読むことによって，心的状態推測の対象である登場人物が"物体の実際の位置を知らない"という情報も十分に利用可能な状態にまで活性されていたため，ワーキングメモリに認知的負荷がかかっていない回答者は，それを考慮した公正な判断を行えたのだと考えられる。これは子どもを対象とした予期せぬ移動課題で登場人物の心的状態に関する質問をしたときに，よく考えて判断するよう教示すれば正答率が上昇するという結果（Wimmer & Perner, 1983）や，物語を読み返したり大人と会話しながら心の理論課題を行うと推論成績が向上するという結果（Lewis et al., 1994）に似ている。というのも，子どもは「熟考する」ことにより，時間を費やしてさまざまな情報をワーキングメモリ上で利用可能な状態にまで活性化していたと考えられるからである。

　また，本研究の結果は妥当でない知識，すなわち自分の有している情報が登場人物の自然な行動とは結びつかないときには，たとえワーキングメモリ負荷を課せられていようとその知識にもとづいた過剰推測は起こらないということを示した。これは，ワーキングメモリ負荷の実験操作を行っていない Birch & Bloom（2007）や前章の実験で見られたように，特定の知識があってもそれが自然な推測を導かないためにそもそも過剰推測が起きないときには，たとえワーキングメモリ負荷が課せられても過剰推測が起きるわけではないことを示唆している。特定の知識にもとづいた他者の心的状態ひいては行動の過剰推測は，その知識が他者の行動を導く自然な範囲，すなわち"常識の範囲"に存在しなければ，たとえワーキングメモリに過剰な認知的負荷が及んでいたとしても，生起しないことを意味しているかもしれない。

第4章　ワーキングメモリ負荷と《心の読みすぎ》

　課題への回答を2択式ではなく，0～100％までの確率の見積もりのように指標の感度を高めることによって（Diamond & Kirkham, 2005 も参照），大人でも子どもと同様の自己中心的推測を行っている可能性を示唆する証拠が検出できたが，子どもの心的状態推測と大人の心的状態推測とでは，使用される認知機能や判断方略に違いがあるかもしれず，子どもと大人の心の理論課題における過剰推測が線形的関係にあるとは単純に言い切れない。大人は子どもよりも他者の心的状態を推測する経験が豊富であり，予期せぬ移動課題のような単純な構造の課題における心的状態の推測に関してはモジュール的な判断構造ができており，ある程度自動的に正解を導けるようになっている可能性がある。例えば，McKinnon & Moscovitch（2007）の実験で観察されたように，2-back課題を二次課題として実行している大学生の1次の心的推測課題に対する成績は，二次課題がないときと比べても変化しなかったが，これは大人が予期せぬ移動課題のような1次の心の理論課題を自動的に解決できるため，ワーキングメモリ負荷が課題成績に何ら影響を及ぼさなかったのだと解釈することもできる。しかしながら，本研究は無意味英語つづりの記憶というワーキングメモリ負荷によって，1次の心的推測課題における自分の知識にもとづいた過剰推測が観察されたことから，子ども向けの心の理論課題の構造を継承した単純な他者の心的状態の推測課題であれ，ワーキングメモリ上にある自分の知識を制御することが，他者の心的状態の公正な推測判断を行う際には必要とされるということを示唆している。

　本研究の課題は複雑な文章の読解を要求しないため，文章の理解そのものへの制御的過程の関与は最小限に抑えられている。さらに，McKinnon & Moscovitch（2007）やBull et al.（2008）で用いられたような比較的複雑な二次課題（例えば，2-back課題）ではなく，今回の課題

では無意味英語つづりの記憶というきわめて簡単な二次課題を採用した。また，先行研究で用いられた二次課題は物語の理解の最中にも課せられているため，物語の理解を阻害しているかもしれず，それが何らかのかたちで心的状態の推測に影響を及ぼしている可能性も完全には払拭できないと言えるが，今回の課題では物語を理解する段階においては二次課題を課していない。これらのことから，今回の課題は先行研究で用いられてきた課題と比べても課題要求は格段に易しいと考えられる。それにもかかわらず，ワーキングメモリ負荷が課せられたときに，物語の登場人物に対する心的状態の推測に偏りが見られた。したがって，難度の高い課題の解決過程全般にワーキングメモリを必要としていたのではなく，自分の知識を制御的に操作し，他者の心的状態を推測する過程そのものにワーキングメモリが必要だったことが実証されたと言える。

本研究では，物語の読み返しやワーキングメモリ負荷によって，物語の登場人物の心的状態を推測する際に使用しうるワーキングメモリ内の情報の利用可能性を操作し，それら情報の利用可能性の程度が「自分の心的状態＝相手の心的状態」と判断してしまう程度を調整しているという説明を実験的に検証した。物語の読み返しは本来ワーキングメモリ内でも相対的に活性の弱い「相手は現在の事実を知らない」という情報を活性化して相手の心的状態の推測に対する利用可能性を高め，「現在の事実に関する自分の知識」の相手への過剰帰属を回避させた。一方，ワーキングメモリへの過剰な認知的負荷は「相手は現在の事実を知らない」という情報から注意をそらして，もともとワーキングメモリ内で活性の強い「現在の事実に関する自分の知識」を相手へ過剰帰属するよう仕向けた。

しかし，本実験で 7 文字の無意味英語つづりを覚えるよう言われた

第4章　ワーキングメモリ負荷と《心の読みすぎ》

参加者は認知的余裕がなかったために，心的状態の推測を行う前に再度物語を読み直すということをしていなかったかもしれない。つまり，高ワーキングメモリ負荷として実施した7文字の無意味英語つづりの記憶は単純に2度目の物語の読みを阻害したために，1度しか物語を読んでいない前章の実験と同じ状況になってしまい，自分の知識を相手の心的状態へ過剰帰属するという結果になった，という可能性も否定できない。そこで，次章では，ワーキングメモリ負荷が物語の読解を阻害しているのではなく，心的状態の推測における情報の利用可能性に影響していることをより厳密に実証するために，方法を改良した実験によって本実験を追試する。

4-2.【実験3】読みすぎないときでも，ワーキングメモリへの負荷で読みすぎる②

　実験2では参加者は心の理論物語を2度読んだが，実験3では非常に慎重に1度だけ読むよう求められた。冊子の各ページには物語が1場面ずつ呈示され，参加者はそれを慎重に読むのに十分な時間が与えられた。もちろん，1度ページをめくったら前のページに戻ることは許されなかった。そして，参加者は2文字あるいは7文字の無意味英語つづりを記憶に留めながら，物語の登場人物の心的状態を推測した。これらの実験操作は，7文字の無意味英語つづりの記憶が物語の読解を阻害しているという可能性を排除できるよう設計されたものである。

　物語を十分な時間をかけて慎重に読むことによって，参加者はワー

キングメモリ内で物語のさまざまな情報をより鮮明なものにし，登場人物の心的状態に関する情報の利用可能性を増大させ，結果的に自分自身の知識を登場人物の心的状態に過剰帰属する程度を減少させることができると予想される。この予測は先にも述べたように，子どもが心の理論課題において時間をかけて物語を理解したり，登場人物の心的状態を慎重に考えたりすると正答率が向上するという先行研究(Lewis et al., 1994; Wimmer & Perner, 1983)からも支持されるだろう。そして，そこに過剰なワーキングメモリ負荷がかかることによって，実験2と同様に，自分の知識を相手の心的状態へ過剰帰属してしまうと予想できる。

実験の方法

　大学生80名（男41名，女39名；平均年齢19.4歳）が冊子を用いた集団実験に参加した。本実験では全ての参加者が，実験1・2で用いた「妥当知識条件」の心の理論物語を読んだ。半数の参加者は2文字の無意味英語つづりを記憶に留めながら（低ワーキングメモリ負荷），もう半数は7文字の無意味英語つづりを記憶に留めながら（高ワーキングメモリ負荷），物語の最後の場面で登場人物の心的状態を推測した。

　実験に用いた冊子の大きさはA5サイズ（横置き）であった。実験2と同じように，教壇に立った実験者がストップウォッチで計時しながら参加者にページをめくるよう指示を出した。参加者は実験者の合図なしで冊子のページを勝手にめくらないよう，また決して前のページに戻ったりしないよう教示された。冊子は表紙を除いて11ページから構成されていた。最初の4ページは本研究とは関係のない課題であった。この無関係な課題の目的は，実験者の指示に従って正確に行

動するよう参加者に慣れてもらうことであった。残りの7ページが本課題であった。

　実験1・2で使われた妥当知識条件の物語を材料として使用した。物語の1場面（左側の文章と右側のイラスト）が1ページに収まるよう作られた。本課題の流れを模式的に示すと図14のようになる。本課題の1，2，3ページ目には，物語の場面①，②，③がそれぞれ呈示された。参加者はその各ページを読むのに20秒与えられた。20秒というのは物語の1つの場面を注意深く読むのに十分な時間である。4ページ目には，2文字あるいは7文字の無意味英語つづり（低いあるいは高いワーキングメモリ負荷）が印刷されており，参加者はそれを覚えるのに10秒与えられた。5ページ目では物語の最後の場面が呈示され，参加者は物語の登場人物が取りうる行動に対して確率を見積もることが要求された。確率の見積もりには25秒与えられた。6ページ目では先ほど覚えるよう言われた無意味英語つづりを再生して記述解答することが求められた。7ページ目では物語の内容に関する2つの記憶質問が尋ねられた。記憶質問の1問目は「実際にハサミのあった場所はどこですか？」で，参加者は3つの選択肢（"縦縞模様の箱"，"レンガ模様の箱"，"ハサミは持ち去られた"）から解答を選択した。また，記憶質問の2問目は「物語の最後の場面において，花子さんは実際にハサミのある箱を知っていましたか？」というもので，参加者は"知っていた""知らなかった"の2つの選択肢から解答を選んだ。記憶質問の解答には制限時間を設けなかった。全ての質問に解答後，参加者は冊子を提出して教室から退出した。

実験の結果

登場人物の行動に対して見積もられた確率

2文字あるいは7文字の無意味英語つづり条件ごとの，見積もられた確率の平均値を表5にまとめた。縦縞模様の箱に見積もられた確率が，覚える文字数の違い（つまり，ワーキングメモリ負荷の違い）によって異なるかどうかを調べるために統計的分析を行った。その結果，7文字の無味英語つづりを覚えるよう言われた参加者は，2文字の参加者よりも有意に高い確率を見積もっていることが示された[19]。よって，本実験は7文字の英語無意味つづりを記憶しておくことによって高いワーキングメモリ負荷が課せられたときには，自分自身の知識を他者の心的状態に過剰帰属してしまうという実験2の結果を追試できたと言える。

無意味英語つづりの記憶

実験2と同じ方法によって，無意味英語つづりの正再生率が計算された。正再生率の平均は，2文字が1.00（$SD=0.00$）で7文字が0.79（$SD=0.31$）であった。この2つの正再生率を比較するための分析の結果，2文字条件のほうが7文字条件よりも正再生率が高いことが示された[20]。この結果は，心的状態の推測中に7文字の無意味英語つづりを記憶しておくことは，2文字の無意味英語つづりを記憶しておくよりも，高いワーキングメモリ負荷を要求していることを再確認するもの

---

[19] 1要因被験者間分散分析におけるワーキングメモリ負荷の主効果（$F(1, 78) = 5.32$，$MSE = 155.22$，$p = 0.024$，$\eta^2 = 0.064$）．

[20] 1要因被験者間分散分析におけるワーキングメモリ負荷の主効果（$F(1, 78) = 18.47$，$MSE = 0.92$，$p < 0.001$，$\eta^2 = 0.191$）．

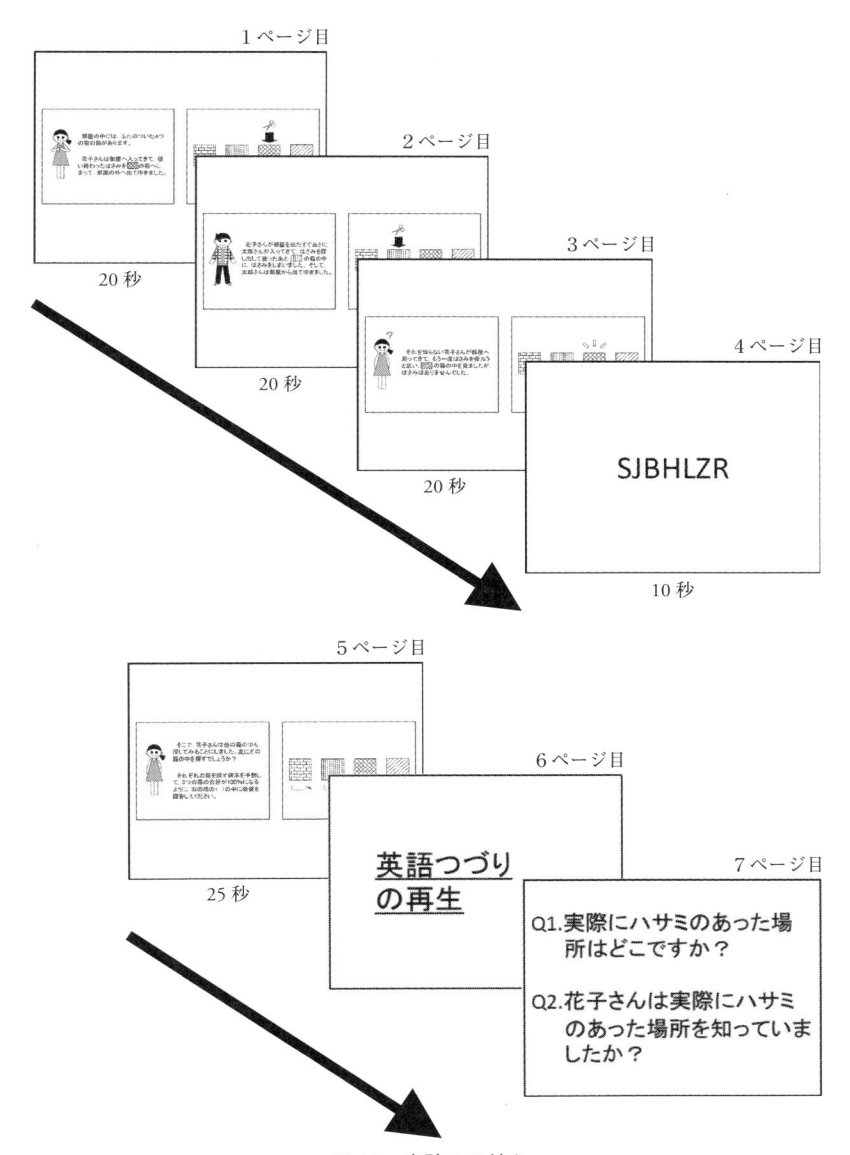

第 4 章　ワーキングメモリ負荷と《心の読みすぎ》

図 14. 実験 3 の流れ

だと言える。

物語内容の記憶

　物語の内容に関する最初の質問は，最後の場面においてハサミがどこにあるかを3つの選択肢の中から選ばせるものだった。最初の質問に対する正答率は2文字条件が100％，7文字条件が97.37％だった。2つ目の質問は，登場人物の花子がハサミの実際の位置を知っているかどうかを尋ねるもので，2文字条件と7文字条件の両方で正答率は100％だった。これらの結果から，ほとんど全ての参加者が物語の内容を思い出すことに成功しており，無意味英語つづりを記憶しても物語の内容は忘却されなかったということが確認できた。

まとめ

　本実験は実験2と同じように，過剰なワーキングメモリ負荷を課された参加者が自分自身の知識を他者の心的状態に過剰帰属してしまうことを実証した。本実験では，参加者は心の理論物語をゆっくりと慎重に読んで，ワーキングメモリ内で登場人物の心的状態（「ハサミの位置を知らない」）についての情報の利用可能性を高めたため，実際にワーキングメモリ負荷がほとんどないときには自分の知識にもとづいた過剰推測は起こらなかった。さらに，本実験は無意味英語つづりの記憶が物語の理解を邪魔しないようデザインされていたので，7文字の無意味英語つづりによってワーキングメモリに過剰な認知的負荷が課されていたとき，参加者は「登場人物はハサミの実際の位置を知らない」という正しい情報を適切に使えなかったのだと結論することができる。

表 5. 各条件に見積もられた確率の平均値（実験 3）

記憶項目	箱			
	レンガ模様	縦縞模様	網目模様	斜線模様
2 文字	23.75 (8.51)	38.63 (12.99)	登場人物・花子 が最初にハサミ を探した箱	37.63 (10.96)
7 文字	21.65 (8.42)	**45.05** **(11.90)**		33.30 (13.06)

注：括弧内は標準偏差

4-3. 知識とワーキングメモリの相互作用が生む 《心の読みすぎ》

　ここまでの研究の主な目的は，大人の心的状態推測能力にワーキングメモリがどのように寄与しているかを調べることであった。実験1では，この目的のための新たな大人向け心の理論課題を開発し，どのような種類の知識を持っているときに大人は自分の知識を他者に過剰帰属させやすいかを調べた。実験2と実験3では，ワーキングメモリ負荷を要求する二次課題によって，心の理論物語における諸種の情報の利用可能性を操作した。ここで用いた二次課題は，参加者が物語の登場人物の心的状態を推測している最中に，2文字または7文字の無意味英語つづりの記憶を要求するという非常に単純な課題であった。2文字の無意味英語つづりを記憶していた参加者は（低ワーキングメモリ負荷条件），自分自身の知識を登場人物の心的状態に過剰帰属することはなかった。しかしながら，7文字の無意味英語つづりを記憶していた参加者は（高ワーキングメモリ負荷条件），自分自身の知識を登場人物の心的状態に過剰帰属した。以下では，各実験で得られた結果を詳細に議論してゆく。

　実験1では，Birch & Bloom (2007) の実験を異なる材料を用いて追試した。Birch & Bloom (2007) の発見と同様に，今回の実験結果は，大人は結果に関する自分の知識（ただし，「妥当な知識」のみ）を用いて物語の登場人物が行動する可能性を過剰評価してしまうということを明らかにした。たとえ登場人物はその知識を持っていないということを明確に言われていたとしてもである。この結果は，自分の知識を他

第 4 章　ワーキングメモリ負荷と《心の読みすぎ》

者に過剰帰属するのは，大人が心的状態の推測を行うときの既定の状態だということ（Birch & Bloom, 2004; Nickerson, 1999 も参照），そして，出来事の結果あるいは現在の状態に関する知識はワーキングメモリの中で他者の心的状態の知識よりも活性が強く，アクセスも容易で利用可能性が高いことを示唆している。

　実験 2 と実験 3 はワーキングメモリがいつどのように大人の心的状態推測に寄与するかということに関して洞察を与えてくれる。これらの実験では，心の理論物語を 2 度読んだとき（実験 2）や出来る限り慎重に読んだとき（実験 3）には，実験 1 で観察された自分の知識にもとづいた過剰推測が見られなかった。物語の登場人物の心的状態を推測している最中に無関係な記憶項目（7 文字の無意味英語つづり）を覚えていたときにのみ，過剰推測が再び見られたのである。この結果は以下のように解釈することができる。ワーキングメモリにおいて無関係で余計な情報を活性化し続けなければならなかった参加者は，ワーキングメモリの容量制限のために（Cowan, 2000），他者の心的状態の公正な判断に必要な情報を適切に活性化することができなかった。そして結果的に，彼らはワーキングメモリの中でより容易にアクセスしやすい自分自身の知識を登場人物の心的状態に適用するしかなかったのだろう。このようなプロセスで，ワーキングメモリが自分自身の知識を他者の心的状態に帰属する程度を調整するのだと言える。

　一連の実験結果は大人の心の理論に関する先行研究の結果と一致する。二重課題を使用した先行研究は，ワーキングメモリに対する認知的負荷が心的状態推論の成績を低下させることを示してきた（Bull et al., 2008; McKinnon & Moscovitch, 2007）。それらの先行研究では，参加者は心の理論物語に注意を向けている最中と物語の登場人物の心的状態を推測しているときの両方で二次課題が課せられていたため，ワー

キングメモリに使える認知資源が課題に取り組んでいる間を通して枯渇状態にあった。一方，本研究の実験3では，参加者が登場人物の心的状態を推測しているときのみワーキングメモリ資源が消費されていた。この方法は物語の内容の記憶を損なわなかったため，物語の情報の形成に干渉していなかったということを意味する。それにもかかわらず，参加者は高いワーキングメモリ負荷が課せられたときに，先行研究で観察されたのと同じように，物語の登場人物の心的状態に関して偏らない判断を形成するのが難しかった。物語の内容を記憶するのは明らかにワーキングメモリの機能のひとつである。しかし本研究の結果は，物語の記憶という機能を越えて，ワーキングメモリが心的状態の推測に積極的な役割を担っていることを示唆している。心の理論課題におけるワーキングメモリの最も重要な役割は，タイミングよく必要な情報を活性化し，心の理論判断に使用することだと言えるかもしれない。

　単純な二重課題を使用することによって，ワーキングメモリが心の理論に重大な影響を及ぼす証拠を得ることができた。第2章で議論したように，心の理論課題で使用される物語は子どもの心の理論課題を継承しており，簡単なほうがよい。本研究で用いた心の理論物語はこの基準を満たしているように思われる。さらに，本研究で用いた二次課題の単純さは二重課題法を用いて心の理論を探究する先行研究にはない利点がある。N-back課題（2-back課題とそのバリエーション）を二次課題として使った先行研究は（Bull et al., 2008; McKinnon & Moscovitch, 2007），ワーキングメモリ以外の複数の認知能力を妨害している可能性がある。N-back課題では，複雑な内的課題モデル（現在の刺激の異同判断）を保持すると同時に，連続的に変化する外的刺激（呈示される一連の刺激）に注意を払わなければならない。一方で，本

研究で用いた記憶課題は，参加者が2文字あるいは7文字の無意味英語つづりを記憶するだけである。単純な記憶課題は参加者に注意を分散させるような複数の認知的負荷を要求しないため，参加者は記憶項目をワーキングメモリ内に維持することに集中できたと考えられる。

　しかしながら，本研究の知見を子どもの心の理論能力の理解に適用しようとすると限界がある。第1章で述べたように，子どもの研究の多くはワーキングメモリ成績が心の理論能力を有意に予測することを示してきた。しかしながら，それらの研究のいくつかは抑制能力や言語能力といった他の指標を統制すると，ワーキングメモリと心の理論との相関が有意でなくなることを示唆している (Carlson et al., 2002)。子どもが心の理論を獲得するときには，自分自身の知識にもとづいた優勢な反応の抑制を可能にする抑制機能のほうがワーキングメモリよりも重要だということはありえそうである。同時に，心の理論を使用するのに必要な認知能力のセットは，発達の過程で心の理論を獲得するのに必要な認知能力のセットと異なるという可能性もある (Saxe, Carey, & Kanwisher, 2004; Wellman et al., 2001)。大人は心の理論の使用も含め，多大な社会的経験を有している。そのため，大人は心の理論それ自体に関する意味的知識，すなわち「他人はこう考えるものだ」という明確に定型化された知識を持っており，その意味的知識によってワーキングメモリ上に活性化された規則を用いて優勢な反応を自動的に抑制できているのかもしれない (Saxe & Wexler, 2005; Stone, 2005)。さらに，大人が子どもよりもワーキングメモリに保持された情報を操作するのに長けているのは明らかである。以上から，心の理論を要求される状況において，大人は子どもよりもワーキングメモリに依存する程度が大きいとも考えられる。

実験1から実験3では，心の理論課題においてワーキングメモリが自分自身の知識を他者に帰属する程度を調節していることを明らかにしただけでなく，「知識の呪縛」の認知的基盤にも理論的な示唆を提供するかもしれない。知識の呪縛は，後知恵バイアス（Fischhoff, 1975），自分の考えは普通であり多くの人が同意してくれていると思い込む誤同意効果（false consensus effect; Ross, Greene, & House, 1977），自分の考えが人に見透かされていると思い込む透明性の錯覚（illusion of transparency; Gilovich, Savitsky, & Medvec, 1998）といった諸種のバイアス現象に対する包括的な用語でもある。実際に，後知恵バイアス課題と心の理論課題は共通の課題構造を有しているという指摘もある（Birch & Bloom, 2004）。それだけでなく，本研究で用いたような確率判断の方法は後知恵バイアス課題でも伝統的に使われてきた（例えば，Fischhoff, 1975）。つまり，本研究の心の理論課題は後知恵バイアス課題の一種だとも言え，本研究の結果はワーキングメモリが後知恵バイアスを含む知識の呪縛を調節するための重要な認知機能だということを示唆するものかもしれない。

　特に本研究の知見は，私たちが他者の心的状態を推測する際のヒューリスティック（heuristic），すなわち直観的な判断をワーキングメモリがコントロールしているという可能性を説明できるかもしれない。実験1は大人が「妥当な知識」にもとづいてのみ偏った判断を行うことを実証した。そこでの妥当な知識（ハサミが最初の箱の隣の箱に入っている）は私たちの常識（自分だったら最初の箱の隣を探すだろう）と密接に関連している。常識というのはいつでもアクセス可能で，すぐに心に思い浮かべることができるため，常識と関連の深い「妥当な知識」は利用可能性ヒューリスティック（availability heuristic; Tversky & Kahneman, 1973）と同じように，確率評価を過剰にさせるぐらいワー

第4章　ワーキングメモリ負荷と《心の読みすぎ》

キングメモリ上で利用可能性が高いのかもしれない。利用可能性ヒューリスティックとは，ある出来事が心に思い浮かびやすいほど，その出来事の起こる頻度が高いと判断する直観的判断方略のことである。利用可能性ヒューリスティックは情報の利用可能性が高い条件の下での使用が増加するため (MacLeod & Campbell, 1992)，本研究における妥当な知識の過剰帰属は利用可能性ヒューリスティックの一種に分類されるかもしれない。実験2は，過剰なワーキングメモリ負荷の課されている参加者は妥当知識条件において確率を過剰に見積もるが，過剰なワーキングメモリ負荷のない参加者はそのような過剰見積もりはしないことを実証した。この結果は，ワーキングメモリが利用可能性ヒューリスティックの程度を調整している可能性を示唆するものかもしれない。いくつかの先行研究はワーキングメモリ資源が枯渇しているときに記憶再生課題において利用可能性ヒューリスティックが使われやすくなることを示している (Garcia-Marques, Hamilton, & Maddox, 2002)。本研究の結果は，ワーキングメモリ資源の枯渇が他者の心的状態の評価における利用可能性ヒューリスティックを促進したものだと解釈できるかもしれない。しかし，本研究は後知恵バイアスや利用可能性ヒューリスティックに対するワーキングメモリの影響を体系的に検討するよう計画されたわけではない。本研究が心的状態の推測におけるワーキングメモリの役割を明らかにしたのと同様に，将来の研究において，ワーキングメモリ負荷の増加が（後知恵バイアスや利用可能性ヒューリスティックを含む）知識の呪縛一般の増大を招くかどうかを調べ，そしてその認知的メカニズムを検証することは重要な試みだと思われる。

日常生活への示唆

　考えるべきことや覚えておくべきことがたくさんあれば，実験2や実験3のように，無為にワーキングメモリ容量を消費してしまい，自分の考えを相手も共有している確率が高いと勘違いしてしまうかもしれない。そして相手が自分の考えに沿わない行動を取ると，「なんでこんなこともわかってくれないんだ」という理不尽な不満と憤りに駆られかねない。また，ワーキングメモリは不安やストレス，あるいは認知的疲労によって一時的にではあるが簡単に機能低下する(Schmader & Jones, 2003; Schmeichel, 2007)。したがって，不安やストレスに曝されているときほど「自分の心＝相手の心」と考えやすくなり，自分の気持ちをわかってくれない相手に苛立ちや無力感を感じて，さらに不安やストレスが増すという恐れがあるので注意したい。

第 5 章
情報のインパクトと《心の読みすぎ》

目立ちやすい情報は《心の読みすぎ》を促進するか？

第 5 章　情報のインパクトと《心の読みすぎ》

5-1.【実験4】情報がワーキングメモリに定着しているときに読みすぎる

　前章までの実験で，他人の心的状態を推測している最中に過剰なワーキングメモリ負荷が課せられると，負荷がない状態では公正な評価ができるときでも，自分の知識を相手の心的状態に過剰に帰属してしまい，相手が知るはずもない情報にもとづいて行動する確率を過剰に高く見積もってしまうことを確認した。このとき過剰に帰属される情報，すなわち自分の知識は，ワーキングメモリにおいてもともと活性が強く利用可能性も高い「現在の事実」に関する知識である。第2章で提起した「心の理論のワーキングメモリ説」によれば，相手の心的状態の推測に使用される情報は，ワーキングメモリにおいて利用可能性の高い情報だからである。それでは，もし「現在の事実」の利用可能性を低下させることができれば，先に見たような「現在の事実」の過剰な帰属は起こらなくなるのだろうか。

　そこで，本実験では，前章までの実験と同じ材料の心の理論物語を用い，物語の読解中にワーキングメモリに高い認知的負荷を課して物語の内容が利用可能性の高い情報とならないよう干渉を起こす。そうすることによって，「現在の事実」の利用可能性を低下させれば，「現在の事実」の過剰帰属が低減あるいは消失するか否かを検証する。実験3で用いた課題を使って，最後の登場人物の心的状態推論（登場人物の行動に対する確率の見積もり）場面の最中だけではなく，それ以前の他の場面の読解中にも無意味英語つづりを記憶させるワーキングメモリ負荷を挿入すると，ワーキングメモリに保持されている物語内容

に関する情報が干渉を受けて，その利用可能性が低下すると考えられる。物語読解中の過剰なワーキングメモリ負荷によって「現在の事実」（すなわち，物体の移動後の位置に関する情報）の利用可能性が低下している状態で登場人物の心的状態を推測させたなら，たとえ推測最中のワーキングメモリ負荷が高くても，そもそも結果に関する情報を用いることができなくなっているので過剰推測は起こらなくなるのではないだろうか。

　以上の予測を「心の理論のワーキングメモリ説」に沿って，具体的な実験を想定しながら説明しなおしておく。「心の理論のワーキングメモリ説」が正しければ，物語の読解中に7文字の無意味英語つづりを覚えておくよう要求され，高いワーキングメモリ負荷が課せられたときは，物語の情報がワーキングメモリ上でそれほど強固に活性化されず利用可能性が高まることはない。したがって，結果的には登場人物の心的状態を推測している最中に7文字の無意味英語つづりを覚えておくよう要求されても，自分の「現在の事実」に関する知識を物語の登場人物に過剰に帰属させてしまうことはないだろう。一方で，「心の理論のワーキングメモリ説」の予測が不適切であれば，物語の読解中に7文字の無意味英語つづりを覚えておくよう要求され，ワーキングメモリに保持されている物語の情報が十分に活性化されなくても，登場人物の心的状態を推測している最中に7文字の無意味英語つづりを覚えておくよう要求されたときには，前章の実験2や実験3と同じように，「現在の事実」にもとづいた過剰推測をしてしまうだろう。

　さらに，本実験では実験3を追試するために，物語の読解中に2文字の無意味英語つづりを覚えておいてもらう条件，すなわち物語の読解中にはワーキングメモリ負荷がほとんどない条件も実施する。そのときには，登場人物の心的状態の推測中に7文字の無意味英語つづり

を覚えることによって高いワーキングメモリ負荷が課せられると，実験3と同じように「現在の事実」に関する自分の知識が相手の心的状態へ過剰帰属されることを再度確認する。

実験の方法

　大学生169名（平均年齢19.6歳；男88名，女78名，不明3名）が冊子を用いた集団実験に参加した。そのうち84名には物語読解中のワーキングメモリ負荷がほとんどない課題Aの冊子が，残りの85名には物語読解中に高いワーキングメモリ負荷が課せられる課題Bの冊子が無作為に配られた。課題Aでは物語の読解中に2文字の無意味英語つづりを覚えるよう要求され，登場人物の心的状態の推測中に2文字あるいは7文字の無意味英語つづりを覚えるよう要求された。一方，課題Bでは物語の読解中に7文字の無意味英語つづりを覚えるよう要求され，登場人物の心的状態の推測中に2文字あるいは7文字の無意味英語つづりを覚えるよう要求された。

　物語は実験3でも用いた妥当知識条件（登場人物の花子が最初に探した箱の隣の箱に探し物が入っている）のみを使用した。

　実験は教室の中で集団で行われた。実験者が教室前方の教壇に立ってストップウォッチで計時しながら，各ページに設定された制限時間ごとに一斉にページをめくる合図を出した（実験の本課題を実施する前に，実験者の合図に合わせて冊子のページをめくる練習のために，無関係の別の課題を行った）。

　本実験の手順を模式的に示すと図15のようになる。1ページ目には場面①が，2ページ目には場面②が描かれた。3ページ目には，物語情報に干渉する物語読解中のワーキングメモリ負荷として無意味英

語つづりが印刷されていた（読解中記憶項目）。課題Aでは2文字の無意味英語つづりが，課題Bでは7文字の無意味英語つづりが呈示された。2文字の無意味英語つづりは実験3ではほぼ100％の正再生率が得られたことから，ワーキングメモリに対する負荷はほとんどないと考えられる。4ページ目では，参加者は3ページ目の記憶項目を覚えながら，花子が戻ってきて網目模様の箱の中を探す場面③を読んだ。5ページ目で参加者は無意味英語つづりを再生するよう要求され，6ページ目に進むと，新たな2文字あるいは7文字からなる無意味英語つづりが呈示されるので，それを覚えるよう指示された（推測中記憶項目）。そして，7ページ目では場面④が呈示され，参加者は2番目の無意味英語つづりを覚えながら花子が次にどの箱の中を探そうとしているか確率を見積もる心的状態推測課題を行った。8ページ目では2番目の記憶項目を再生することが要求され，9ページ目では物語の内容に関する2つの質問が用意された。物語に関する質問の1つ目は「ハサミが実際にあった場所はどこですか？」というもので，参加者は「レンガ模様の箱」「縦縞模様の箱」「部屋から持ち去られた」の3つの選択肢から解答を選ぶよう求められた（正解：縦縞模様の箱）。2つ目の質問は「花子さんはハサミが実際にあった場所を知っていましたか？」で，「知っていた」「知らなかった」の2つの選択肢から解答を選んだ（正解：知らなかった）。

　ストーリーが呈示された1・2・4ページ目の読み時間は各20秒ずつで，これは実験3と同じく文章をゆっくりと，ときには繰り返し読むのに十分な時間であったため，ストーリーは問題なく理解されたと考えられる。無意味英語つづりを覚えるよう要求された3ページ目の読解中記憶項目および6ページ目の推測中記憶項目の記銘時間はともに10秒ずつであった。3ページ目で呈示された読解中記憶項目の5

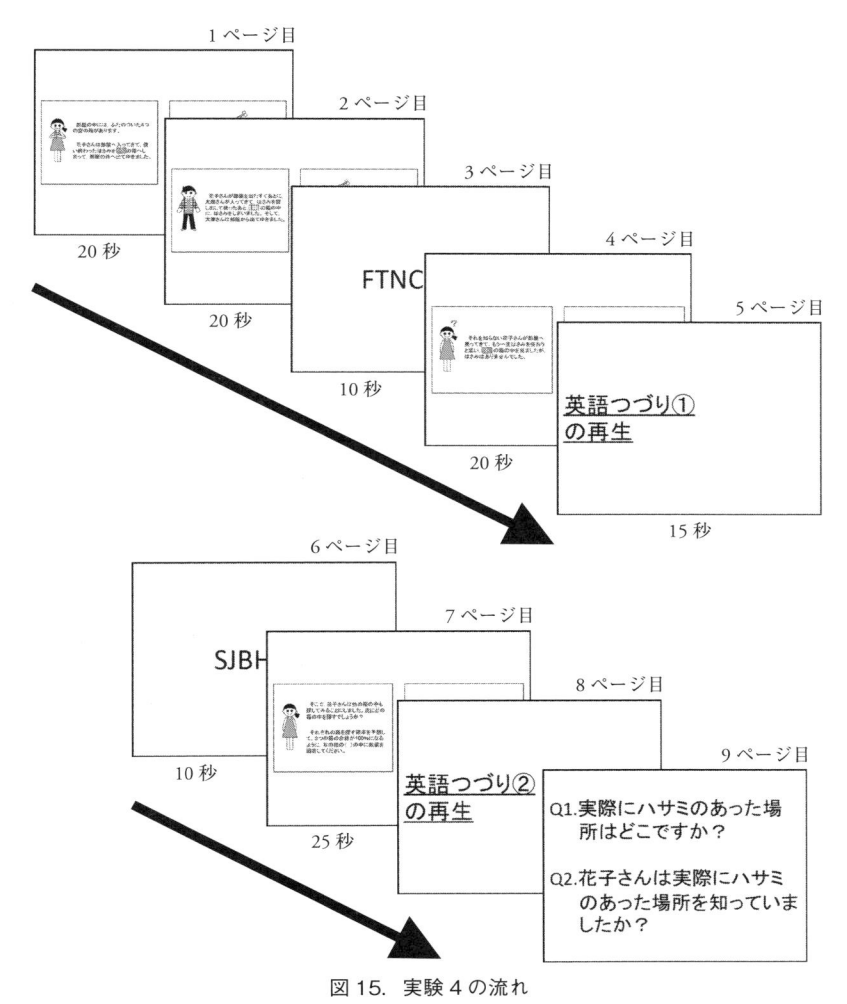

第 5 章　情報のインパクトと《心の読みすぎ》

図 15. 実験 4 の流れ

ページ目での再生時間には 15 秒が与えられた。7 ページ目の心的状態推測課題では，25 秒経過時点で次のページに進むことが許可された。そして，8 ページ目における推測中記憶項目の再生および 9 ページ目の物語内容の記憶質問に関しては特に時間制限を設けず，参加者は記憶していた無意味英語つづりを再生し終わったら次のページに進んで物語の内容に関する質問に答えるよう言われた。参加者は全ての質問に解答した後，実験者に冊子を提出して教室から退出した。

実験の結果

登場人物の行動に対して見積もられた確率

　見積もった確率の合計が 100 にならなかった参加者 2 名と，最後の場面④で「花子がハサミの実際の位置を知っていた」と誤答した参加者 3 名のデータは分析から除外した。各箱に見積もられた確率の平均値を表 6 にまとめた。

　心の理論課題のさまざまなプロセスにおけるワーキングメモリ負荷の影響を検討するために，縦縞の箱（ハサミが実際に入っていた箱）に見積もられた確率に対して，仮説にもとづいた比較を実施した。本実験の 2 つの仮説を以下に確認しておく。(i) 実験 3 の追試（課題 A）：無意味英語つづりの記憶課題が物語の理解に干渉しないときは，登場人物の心的状態を推測している最中に高いワーキングメモリ負荷が課せられると，自分自身の知識にもとづいた心的状態の過剰評価が生起する，(ii) 物語の情報への干渉（課題 B）：無意味英語つづりの記憶課題が物語の理解に干渉するときは，ワーキングメモリにおいて活性が強く利用可能性の高い情報が形成されないので，自分自身の知識にもとづいた過剰評価が低減あるいは消失するだろう。

第 5 章　情報のインパクトと《心の読みすぎ》

表6．各条件に見積もられた確率の平均値（実験 4）

記憶項目		箱			
最初 （物語読解中）	2 番目 （心的推測中）	レンガ模様	縦縞模様	網目模様	斜線模様
2 文字 〈課題 A〉	2 文字	22.85 (7.54)	39.78 (11.71)	登場人物・花子が最初にハサミを探した箱	37.37 (10.85)
	7 文字	21.73 (9.53)	**45.34** **(12.11)**		32.93 (10.67)
7 文字 〈課題 B〉	2 文字	26.38 (15.36)	40.15 (14.62)		33.48 (14.57)
	7 文字	25.38 (12.26)	39.64 (12.44)		34.98 (13.35)

注：括弧内は標準偏差

最初の仮説（i）を検証するために，課題A（物語読解中に2文字の無意味英語つづりの記憶を要求）において，心的状態推測中の記憶項目が2文字のときと7文字のときとの縦縞の箱に見積もられた確率を比較した。その結果，心的状態の推測中のワーキングメモリ負荷が高いときは低いときよりも有意に高い確率を見積もっていた[21]。この結果は実験3を追認するものである。

　二番目の仮説（ii）を検証するために，課題B（物語読解中に7文字の無意味英語つづりの記憶を要求）において，心的状態推測中の記憶項目が2文字のときと7文字のときとの縦縞の箱に見積もられた確率を比較した。その結果，心的状態の推測中のワーキングメモリ負荷が高くても，低いときと比べて有意に異なる確率は見積もられていなかった[22]。この結果は，「心の理論のワーキングメモリ説」の予測通り，物語の理解中の過剰なワーキングメモリ負荷によって利用可能性の高い情報の形成が阻害された場合は，たとえ心的状態の推測中に高いワーキングメモリ負荷が課せられたとしても，（実験3やこの実験の課題Aで見られたような）過剰推測は見られなくなるということを示している。

無意味英語つづりの記憶

　実験2・実験3と同じ方法で課題中に覚えるよう求められた無意味英語つづりの正再生率を計算し，その平均値を表7にまとめた。

　最初の記憶項目，すなわち物語の読解中に覚えておくよう求められた無意味英語つづりに対する正再生率を比べたところ，2文字のほう

---

[21] 対応のない t 検定（$t(80) = -2.09$, $p = 0.040$, $d = 0.467$）
[22] 対応のない t 検定（$t(80) = 0.17$, $p = 0.867$, $d = 0.037$）

表7. 正しい位置に再生された文字の割合の平均値（実験4）

最初の記憶項目		2番目の記憶項目	
2文字	1.00 (0.00)	2文字	1.00 (0.00)
		7文字	0.86 (0.25)
7文字	0.84 (0.28)	2文字	0.98 (0.16)
		7文字	0.78 (0.32)

注：括弧内は標準偏差

が7文字よりも正再生率が有意に高かった[23]。二番目の記憶項目，すなわち登場人物の心的状態を推測している最中に覚えておくよう求められた無意味英語つづりに対する正再生率に関して，最初の記憶項目が2文字か7文字かということと二番目の記憶項目が2文字か7文字かということを要因とした分析を行った。その結果，2文字のほうが7文字よりも有意に正再生率が高かった[24]。しかしながら，最初の記憶項目が2文字であれ7文字であれ，二番目の記憶項目の正再生率は異ならなかった[25]。さらに，最初の記憶項目の違いによって二番目の記憶項目の正再生率のパターンは異ならなかった[26]。これらの結果は，2文字の無意味英語つづりよりも7文字の無意味英語つづりを覚えることが参加者に高いワーキングメモリ負荷を課すことを示しており，本実験のワーキングメモリ負荷の操作は成功していたと言える。

---

[23] 1要因被験者間分散分析における記憶項目の主効果（$F(1, 162) = 26.90$, $MSE = 0.04$, $p < 0.001$, $\eta^2 = 0.142$）

[24] 2要因被験者間分散分析における二番目の記憶項目の主効果（$F(1, 160) = 24.02$, $MSE = 1.18$, $p < 0.001$, $\eta^2 = 0.131$）

[25] 2要因被験者間分散分析における最初の記憶項目の主効果（$F(1, 160) = 2.23$, $MSE = 1.10$, $p = 0.137$, $\eta^2 = 0.014$）

[26] 2要因被験者間分散分析における交互作用（$F(1, 160) = 0.59$, $MSE = 0.03$, $p = 0.442$, $\eta^2 = 0.004$）

表 8. 物語の内容に関する記憶質問において正しい選択肢を選んだ参加者の割合（実験 4）

最初の記憶項目	2 番目の記憶項目	
	2 文字	7 文字
最後の場面におけるハサミの実際の位置 （偶然正答率：33.33%）		
2 文字	100	92.68
7 文字	100	93.02
登場人物・花子がハサミの位置を知らないこと （偶然正答率：50%）		
2 文字	97.62	100
7 文字	97.56	97.67

物語内容の記憶

各条件において，正しい選択肢を選んだ参加者の割合を表 8 に示した。ハサミの実際の位置に関する質問 1 と登場人物の知識の状態に関する質問 2 をそれぞれ分析した結果，どの条件においても正しく解答した参加者の割合は同じだった[27]。この結果は，物語の理解と心的状態の推測の両方においてワーキングメモリ負荷の高低に関係なく，ほとんど全ての参加者が物語の内容を思い出すことができたということを示している。したがって，この実験におけるワーキングメモリ負荷の操作は，参加者の物語の理解をほとんど損なわなかったと言える。

《心の読みすぎ》の出現と消失の条件

本実験は他者の心的状態や行動を推測する際に過剰に使用されてしまうワーキングメモリ内の情報の利用可能性が低下したときには，そ

---

[27] χ^2 検定（質問 1，$\chi^2(3) = 4.00$，$p = 0.261$；質問 2，$\chi^2(3) = 1.02$，$p = 0.796$）

第 5 章　情報のインパクトと《心の読みすぎ》

の情報が推測に使用されなくなり，他者の心的状態や行動に過剰に帰属される程度が減少するか否かを，大人向けの心の理論課題を用いて検証した。

　本実験の課題 A では，登場人物（花子）の心的状態を推測している最中にワーキングメモリに対して高い認知的負荷が課せられているときには，読者は自分しか知らない「現在の事実」に関する知識にもとづいて登場人物が行動するだろう確率を，推測中のワーキングメモリ負荷がほとんどないときよりも過大に見積もった。これは実験 3 の結果を再現したものだと言える。課題 A は読解中の過剰なワーキングメモリ負荷がほとんどなかった一方で，課題 B は物語の読解中にも過剰なワーキングメモリ負荷が強いられた。課題 B では，登場人物の心的状態を推測している最中にワーキングメモリに高い認知的負荷が課せられても，読者自身の知識にもとづいた過剰推測は見られなかった。

　本実験の結果は「心の理論を使う際，ワーキングメモリにおいて利用可能性の高い情報が相手の心的状態に帰属される」という「心の理論のワーキングメモリ説」のさらなる支持証拠だと思われる。本実験では，実験 3 と同様に，参加者は心の理論物語を読むのに十分な時間を与えられ，物語を丁寧に読解処理することによって物語の内容を十分に理解できた。これは課題の最後の物語内容に関する記憶質問の正答率が全ての条件でほぼ 100％であったことからもわかる。物語中のさまざまな情報を丁寧に処理し，その記憶痕跡を強固なものにすることによって，もともとワーキングメモリにおいて活性の弱かった情報の利用可能性を高め，登場人物の心的状態を推測する際のさまざまな情報の公平な利用を促進していたのだと考えられる。したがって，本実験の課題 A のように，心的状態の推測中にワーキングメモリに過

剰な認知的負荷が及んでいないときには，自分しか知りえない情報である「現在の事実」にもとづいた過剰推測が起こらなかった。この結果は，物語をゆっくり読んだことによって，活性の弱い情報（「花子さんはハサミが実際にある場所を知らない」など）の利用可能性も一様に高まっていたために，「現在の事実」以外の情報も推測に利用できたからだと解釈できる。

　一方，課題Bでは課題Aと同じく，参加者は物語の読解に十分な時間が与えられたが，読解の最中に高いワーキングメモリ負荷が課せられていた点が異なる。その結果，課題Bでは登場人物の心的状態を推測している最中のワーキングメモリ負荷の高低に関係なく，課題Aのような確率の過剰推測は見られなくなった。この結果は，状況を理解している最中にワーキングメモリに過剰な認知的負荷がかかると，自分自身の知識を相手の心的状態に過剰帰属しなくなるということを意味する。この現象も「心の理論のワーキングメモリ説」で説明することができる。物語読解中の過剰なワーキングメモリ負荷は，ワーキングメモリ内で他よりも利用可能性の高い情報が形成されることを阻害した。それらの情報には「ハサミは縦縞の箱に入っている」という「現在の事実」に関する情報も含まれており，結果的にワーキングメモリ内の特定の情報（特に「現在の事実」）が，登場人物の心的状態の推測に優先的に使用されることはなかったのだと考えられる。しかしながら，読解中の高いワーキングメモリ負荷が物語の内容を忘却させたわけではないことに注意したい。つまり，参加者は「現在の事実」を忘れてしまったから登場人物に過剰帰属できなかったわけではない。これは物語の内容に関する質問に，ほぼ全ての参加者が正解していたことから明白である。参加者は実験の終わりに，物語の内容に関する多肢選択式の質問に解答したが，このときには課題中に覚えるよ

う言われていた無意味英語つづりを全て再生した後だったので記憶に対する負荷は何もなかったし，さらに解答時間の制限もなかった。したがって，たとえ読解中のワーキングメモリ負荷によって物語の内容に関するそれほど強固な記憶痕跡ができていなくても，長期記憶から物語の内容を慎重に検索することができたのだと考えられる。

　物語の読解中に 7 文字の無意味英語つづりを覚えるよう求められた人たちは，その 1 つ目の記憶課題によってワーキングメモリ負荷に慣れていたせいで，心的状態の推測中に覚えるよう言われた 2 つ目の 7 文字の無意味英語つづりが十分な認知的負荷にならなかった可能性は考察しておく必要があるだろう。もしそれが事実なら，過剰帰属の消失は物語情報が干渉されたためではなく，心的状態の推測中に十分なワーキングメモリ負荷が課せられなかったからということになる。しかしながら，心的状態推測中の 7 文字の無意味英語つづりの正再生率は，1 つ目の無意味英語つづりが 2 文字であれ 7 文字であれ変わらなかった。これは最初の 7 文字の記憶課題が練習効果を生まなかったということを意味する。したがって，参加者は 2 つ目の 7 文字の無意味英語つづりから十分なワーキングメモリ負荷を受けていたと言えるだろう。

　実験 2 から使ってきた二次課題は非常に単純な課題であり，ターゲットとする認知機能がワーキングメモリであるということも明確だが，それでも二重課題法の根本的な限界については述べておかねばならないだろう。具体的には，7 文字の無意味英語つづりの記憶はワーキングメモリ負荷を生んでいただけではなく，確率の予測に関わる全般的な認知負荷を生んでいたかもしれない。言い換えると，7 文字の無意味英語つづりの記憶が心の理論に影響を及ぼしていたのは，ワーキングメモリ負荷のためではなく，全体的な課題の難易度が高くなっ

ていたためかもしれない。これは本研究に限らず，二次課題が阻害しようと意図していた認知能力だけに厳密に影響するわけではないという二重課題法の根本的な問題である。例えば，ワーキングメモリに多くの単語を保持することによって，同時に行っている課題に必要な情報の活性が阻害されるだけでなく，注意の切り替えのスピードも低下する（Maehara & Saito, 2007, 2009）。他の認知機能ではなく，ワーキングメモリが心の理論を調整していることを明らかにするために，将来の研究では本研究と似たような方法論を用いて，ワーキングメモリにほとんど負荷をかけない二次課題が心の理論に影響を及ぼさないことを示す必要があるだろう。

さらなる理論的示唆

　本実験の結果は，心の理論課題に対するワーキングメモリ負荷の適用が必ずしも，特に物語の読解中に負荷が及んだときには他者の心的状態の偏った評価につながるとは限らないということを示唆している。しかしながら，Lin et al.（2010）は対話場面における視点取得課題の全プロセスにワーキングメモリ負荷をかけた実験を行い，話し手の意図の汲み取りにおいて正確さが低下するとともに反応時間が遅くなるということを示した（第 2 章 2-2 参照）。本研究の実験と Lin たちの実験との間には，課題構造において重大な違いがあることに注意せねばならない。Lin たちの実験では，参加者は指示者の意図を推測している間中，指示者は知りえないが指示者の心的状態に誤って帰属してしまいそうになる情報が常に視野内に呈示されていた。当然ながら，そのような参加者中心の情報はワーキングメモリ内でも顕著なままで，結果的には参加者の心的状態推測パフォーマンスを低下させた。

対照的に，本研究の実験3と実験4では，登場人物の心的状態の推測中に，過剰帰属されうる情報を参加者は視覚的に直接確認することができなかった。つまり，物語読解中の過剰なワーキングメモリ負荷によって一度干渉されてしまうと，そのような情報は心的状態推測中に利用可能性が低いままになってしまうことが考えられる。

　本実験で見られたような，ワーキングメモリ機能の低下によって過剰推測が消失するというのに似た現象は，後知恵バイアスでも観察されている。復習しておくと，後知恵バイアスとは，自分自身の過去の判断を想起したり，何も知らない他者の判断を予測したりするときに，結果に関する知識の重要性を過度に高く考えてしまう傾向のことを言う（Hawkins & Hastie, 1990）。Bayen, Erdfelder, Bearden, & Lozito（2006）が行った研究では，若年者と高齢者に数字で答えを求めるクイズを出題し，その後自分の解答を思い出してもらった。自分の解答を想起している最中に正しい答えが目の前に呈示されていたときは若年参加者も高齢参加者も後知恵バイアスを見せた。しかしながら，想起の最中に正しい答えが目の前に呈示されていなかったときには，若年参加者は依然として後知恵バイアスを見せた一方で，高齢参加者は後知恵バイアスを見せなかった。正しい答えが想起中に呈示されなかったときには，高齢参加者はワーキングメモリでその情報を活性化させることができなかったため，それを想起の際に使うことができなかったと考えられる。高齢者のワーキングメモリ容量は一般的に若年者よりも低いので，Bayenらの実験の結果はワーキングメモリ上で結果に関する知識を活性化できなかったときには，後知恵バイアスが起こらなくなる可能性を示唆している。これは，結果の知識が物語読解中の過剰なワーキングメモリ負荷のせいで顕著な状態に活性化されていなかったときには，登場人物の心的状態の推測において結果の知識の重要性を

過大評価しなくなるという本研究の発見と大いに関係している。しかし，ワーキングメモリの機能低下が他者視点の公正な評価を引き出しうるということを示す研究は他には報告されていない。したがって，ワーキングメモリが他者の心的状態の正確な推測を促進したり阻害したりする条件の探究は，将来の研究においても重要な課題となるだろう。

5-2. 【実験5】目立つ情報のせいで読みすぎる

幼い子どもは自分の知っている「現在の事実」を相手も知っていると思い込んでしまうが，事実に関する知識が鮮明であるほど，自身の判断や行動を引き起こす非常に強力な引き金となりうる。Zaitchik (1991) は事実に関する知識（「予期せぬ移動課題」で言うと，ボールがもうひとつの箱に移動すること）を視覚的に直接提示するのではなく，物語中の登場人物がその事実を言葉のみで伝えて事実の顕著性（目立ちやすさ）を減少させたなら，子どもたちの心の理論課題成績は向上するのではないかと考えた。そこで，予期せぬ移動課題において子どもが物体の移動を実際に目撃する通常の条件と物体の実際の位置を目撃せずに登場人物が言葉によって説明するだけの条件との比較を行った。その結果，4歳児ではどちらの条件でも50％以上の子どもが正答したが，3歳児では物体の移動と実際の位置を見てしまうと正答率は50％と差がなく，見なかった条件でのみ正答率が50％を有意に上回ったのである。同様の結果が他の研究でも見出されている（Mitchell & Lacohee, 1991; Wellman & Bartsch, 1988）。したがって，子どもはワー

キングメモリ内に保持された事実に関する情報の顕著性が高いときにのみ、誤信念推測がその事実に引きずられた不適切なものになるようである。

それでは、大人はどうだろうか。大人は子ども向け誤信念課題には誤答しないが、課題の状況設定や回答方法を工夫した心の理論課題であれば大人でも「自分は知っているが登場人物は知らない事実」にもとづいて登場人物が行動すると考えてしまう。このことは、Birch & Bloom（2007）や本書の実験1でも実証されている。そこで、本実験では大人を対象としたときでも、事実に関する知識の顕著性あるいは目立ちやすさを減少させれば、3歳児で誤信念課題への正答率が改善したように大人の心的状態推測時のバイアスが減少するのか、逆に事実に関する知識をより目立つようにすればバイアスが起こらない状況でもバイアスが生起するようになるかどうかを検討する。実験2〜実験4ではワーキングメモリに認知的負荷をかけてワーキングメモリ内に保持された情報の利用可能性を操作した。一方、本実験では心の理論物語の挿絵の視覚的顕著性を直接操作することによって、ワーキングメモリ内の情報の利用可能性を操作し、「事実に関する知識」の顕著性が大人の心的状態の推測にどのような影響を与えるかを調べる。

実験の方法

大学生・大学院生296名（女性196名、男性100名；平均年齢19.6歳）が質問紙を用いた本実験に参加した。

事実に関する知識に関して、実験1にならって「妥当知識条件」「非妥当知識条件」「知識なし条件」の3つの条件を設け、その各知識条件に対して事実の顕著性に関する「通常条件」「減少条件」「増加条件」

の3つの条件を設けた。したがって，9種類の質問紙が用意され，参加者にはそのうちのどれかひとつが無作為に配布された。

実験1から実験4で用いた物語と同じような内容の物語を4コマ漫画形式で，A4用紙片面1枚に収まるように呈示した。各コマの右側には箱の位置と物体の移動が図示された（図16）。場面②では3つの知識条件のうちひとつだけが書かれていた。実験1と同様に，「妥当知識条件」は花子が最初にハサミを探した箱の隣の箱に実際にハサミが入っているというストーリー，「非妥当知識条件」は花子が最初にハサミを探した箱から離れたところにある箱に実際にハサミが入っているというストーリー，そして「知識なし条件」はハサミが部屋から持ち去られてしまうというストーリーとした。

① 部屋の中には，ふたのついた4つの空の箱があります。花子さんは部屋へ入ってきて，使い終わったハサミを網目模様の箱へしまって，部屋の外へ出てゆきました。

② 花子さんが部屋を出たすぐあとに，太郎さんが入ってきて，ハサミを探し出して使ったあと，
―妥当知識条件：斜線模様の箱の中にハサミをしまい，
―非妥当知識条件：縦縞模様の箱の中にハサミをしまい，
―知識なし条件（統制条件）：ハサミを持ったまま，
部屋を出てゆきました。

③ それを知らない花子さんが部屋へ戻ってきて，もう一度ハサミを使おうと思い，網目模様の箱の中を見ましたが，ハサミはありませんでした。

④ そこで，花子さんは他の箱の中も探してみることにしました。次にどの箱の中を探すでしょうか？　それぞれの箱を探す確率を予想して，3つの箱の合計が100％になるように，右の絵の（　）の中に回

答してください。

　事実（はさみの位置）の顕著さ（目立ちやすさ）を操作するために，挿絵に関しては以下の3条件を設けた。「顕著性通常条件」では，実験1から実験4で使用した材料と同じように，場面②でハサミの絵と移動を示す矢印が図示されていた（図16A）。「顕著性減少条件」では，事実に関する知識の顕著性を低減するために，場面②でのハサミの移動を示す絵は描かれなかった（図16B）。そして，「顕著性増加条件」では，通常条件と同じくハサミの絵と移動が図示されるだけでなく，非妥当知識の顕著性を増加させるために，縦縞模様の箱のみが赤色で印刷されていた（図16C）。

　顕著性通常条件では，ハサミが実際にしまわれた箱に対する確率の見積もりが，実験1を再現して高くなると予想される。顕著性減少条件では，ハサミの移動と位置を目立たなくするために，場面②の挿絵において，ハサミの絵と移動を示す矢印を表示しなかった。この操作によって，視覚的顕著性が低減された誤信念課題において幼い子どもたちに見られたように（Zaitchik, 1991），ハサミが実際にある箱に対する確率の見積もりは通常条件ほど高くならないことが予想される。顕著性増加条件では，白黒印刷の質問紙において，一番右端に位置する縦縞模様の箱だけを一際目立たせるように赤色で印刷した。この操作によって，縦縞模様の箱に実際にハサミが入っているときの縦縞模様の箱に対する確率の見積もりが他の2条件よりも高くなる，つまり通常は実験1のように非妥当知識条件では実際にハサミが入っていても確率を高く見積もることはないが，視覚的顕著性が増加して注意が引きつけられることによって事実に関する知識の影響が増大し，高い確率が見積もられると予想できる。

A）顕著性通常条件

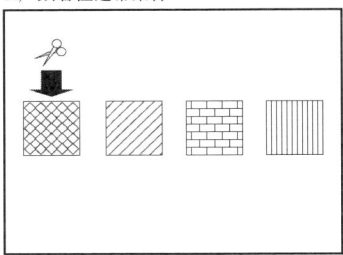

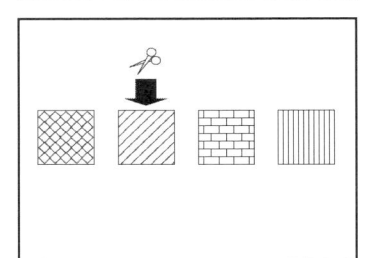

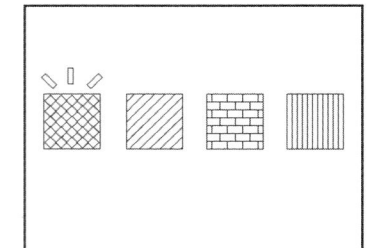

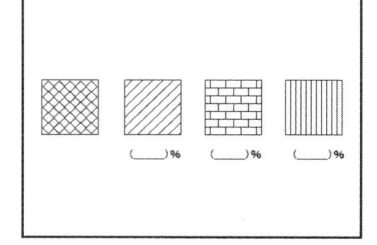

図16．実験5で使われた大人向け予期せぬ移動課題の挿絵の違い

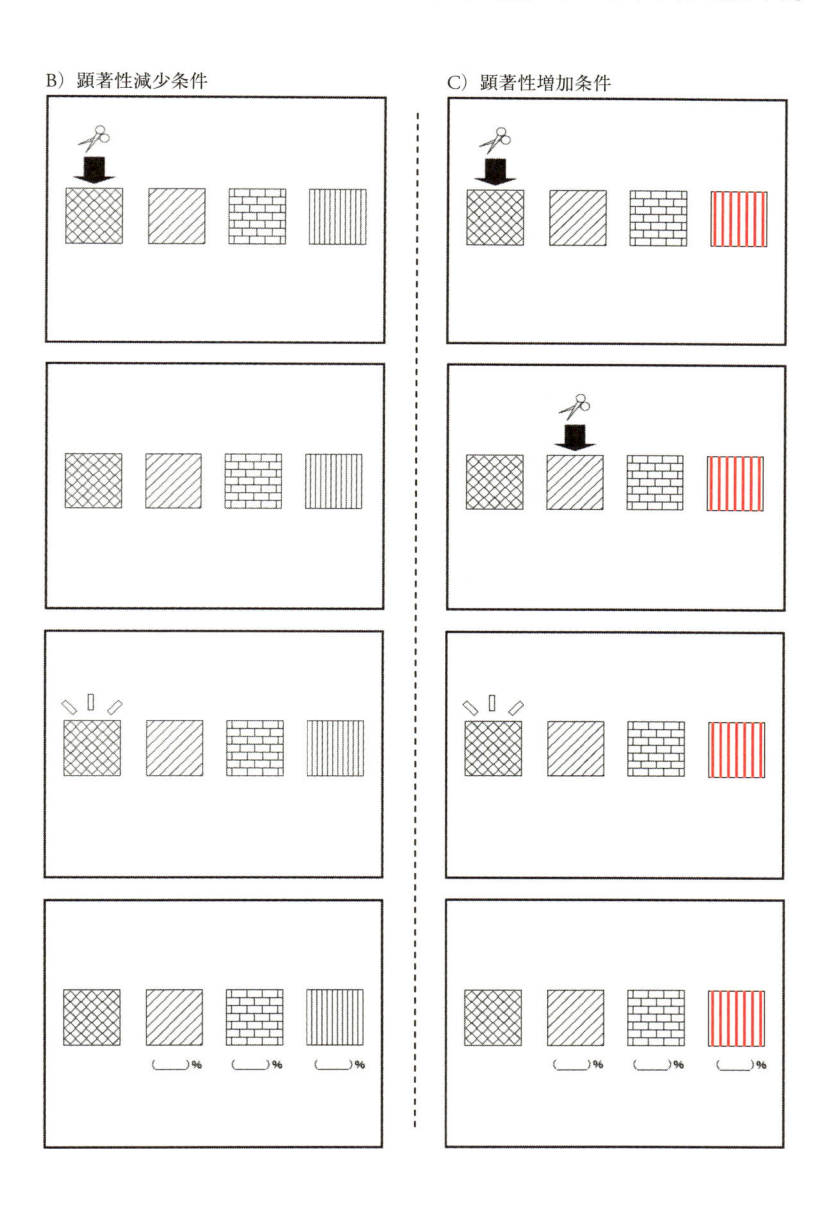

第 5 章　情報のインパクトと《心の読みすぎ》

B）顕著性減少条件　　　　　　　C）顕著性増加条件

実験の結果

確率の合計が100％にならなかった参加者2名は分析から除外した。最終的に分析対象とした参加者数を表9にまとめた。また，各箱に見積もられた確率の平均値を顕著性の条件ごとに，顕著性通常条件は表10A に，顕著性減少条件は表10B に，そして顕著性増加条件を表10C にまとめた。

各顕著性条件内での比較

顕著性の条件ごとに，すなわち挿絵の顕著性が同じ中で，物体位置に関する事実の違いによって確率判断が変化するか否かを調べた。

初めに，顕著性通常条件（表10A）において，斜線模様の箱に見積もられた確率に対する分析を実施したところ，条件間のどこかに有意差が存在する可能性が示唆された[28]。そこで，個々の条件どうしを比較した。ハサミが斜線模様の箱にあるとき（65.70％）とハサミが場面から消失してしまうとき（53.91％）とを比較した結果，ハサミが斜線模様の箱に入っているときは，場面からなくなってしまうときと比べて，有意に高い確率が見積もられていることがわかった[29]。一方，縦縞模様の箱に見積もられた確率に対する分析を行ったところ，条件間のどこかに有意差が存在する可能性が示唆された[30]。続いて個々の条件どうしの比較を行ったが，ハサミが縦縞模様の箱にあるとき（21.88％）とハサミが場面から消失するとき（20.88％）とを比較しても

---

[28] 1要因被験者間分散分析における知識の種類の主効果（$F(2, 97) = 4.05$, $MSE = 363.28$, $p = 0.020$, $\eta^2 = 0.077$）

[29] Dunnettのt検定（$p = 0.026$, $d = 0.623$）

[30] 1要因被験者間分散分析における知識の種類の主効果（$F(2, 97) = 2.98$, $MSE = 174.90$, $p = 0.055$, $\eta^2 = 0.058$）

第 5 章　情報のインパクトと《心の読みすぎ》

表 9. 各条件の参加者人数内訳（実験 5）

顕著性	ハサミの位置		
	斜線模様の箱	縦縞模様の箱	場面から消失
A（通常）	33	34	33
B（減少）	29	28	32
C（増加）	38	33	34

表 10A. 顕著性通常条件の各箱に見積もられた確率の平均値（実験 5）

知識の条件 （ハサミの位置）	箱			
	網目模様	斜線模様	レンガ模様	縦縞模様
妥当知識条件 （ハサミは斜線模様の箱）	登場人物・花子が最初にハサミを探した箱	**65.70** **(18.65)**	19.73 (11.69)	14.58 (10.06)
非妥当知識条件 （ハサミは縦縞模様の箱）		54.41 (54.41)	23.71 (11.72)	**21.88** **(15.61)**
知識なし条件 （ハサミは場面から消失）		53.91 (19.17)	25.21 (13.31)	20.88 (12.72)

注：括弧内は標準偏差

有意な差は見られなかった[31]。これらの結果は本書の実験1の結果と一致する。実験1でも登場人物が最初に探した箱の隣の箱に実際に物体があるときにはその箱に対する確率が高く見積もられたが（妥当知識条件；本実験では斜線模様の箱にハサミがあるとき），離れた位置にある箱に物体が入っていてもその箱に対する確率は高くならなかった（非妥当知識条件；本実験では縦縞模様の箱にハサミがあるとき）。

次に，顕著性減少条件（表10B）において，斜線模様の箱に見積もられた確率に対する分析を実施したところ，条件間のどこにも有意差がないことが示唆された[32]。また，縦縞模様の箱に見積もられた確率に対する分析でも同様に，条件間のどこにも有意差がないことが示唆された[33]。これらの分析結果は，顕著性通常条件とは明らかに異なる結果であり，顕著性減少条件ではハサミの移動後の位置に関する知識は登場人物の心的状態を推測する際に影響を与えなかった可能性を示している。

最後に，顕著性増加条件（表10C）において，斜線模様の箱の確率に対する分析を実施したところ，条件間のどこかに有意差のあることが示唆された[34]。しかしながら，ハサミが斜線模様の箱にあるとき（55.05％）とハサミが場面から消失してしまうとき（55.41％）とを比較しても有意差は見られなかった[35]。一方，縦縞模様の箱の確率に対する分析を行ったところ，こちらも条件間のどこかに有意差のあること

---

31) Dunnett の t 検定（$p=0.932$, $d=0.071$）
32) 1要因被験者間分散分析における知識の種類の主効果（$F(2, 86)=1.13$, $MSE=375.20$, $p=0.327$, $\eta^2=0.026$）
33) 1要因被験者間分散分析における知識の種類の主効果（$F(2, 86)=2.31$, $MSE=186.32$, $p=0.106$, $\eta^2=0.051$）
34) 1要因被験者間分散分析における知識の種類の主効果（$F(2, 102)=4.50$, $MSE=425.96$, $p=0.013$, $\eta^2=0.081$）
35) Dunnett の t 検定（$p=0.996$, $d=-0.017$）

第5章　情報のインパクトと《心の読みすぎ》

表10B．顕著性減少条件の各箱に見積もられた確率の平均値（実験5）

知識の条件 (ハサミの位置)		箱			
		網目模様	斜線模様	レンガ模様	縦縞模様
妥当知識条件 (ハサミは斜線 模様の箱)		登場人物・ 花子が最初 にハサミを 探した箱	**60.03** **(22.23)**	24.62 (14.88)	15.34 (11.98)
非妥当知識条件 (ハサミは縦縞 模様の箱)			54.29 (18.68)	22.64 (10.24)	**23.07** **(17.64)**
知識なし条件 (ハサミは場面 から消失)			52.91 (15.98)	27.28 (12.65)	19.81 (9.91)

注：括弧内は標準偏差

が示唆された[36]。そこで，さらに詳細な比較を行ったところ，ハサミが縦縞模様の箱にあるとき（31.64％）はハサミが場面からなくなってしまうとき（19.82％）よりも有意に確率が高かった[37]。顕著性通常条件では，縦縞模様の箱は登場人物が最初に探した箱から離れた場所にあるため，たとえハサミが縦縞模様の箱にあってもその知識は登場人物の心的状態に過剰帰属されることはなかった。しかし，顕著性増加条件では縦縞模様の箱が視覚的に注意を引きつけるために，ハサミが縦縞模様の箱にあるという情報も同時に注意を引きつけてワーキングメモリ内での利用可能性が増大し，登場人物の心的状態の推測にも過剰に使用される結果になったのだと示唆される。

顕著性条件間の比較

同一ストーリーの同じ箱に対して，挿絵が異なれば異なる確率が見積もられたのかどうかを調べるために，ハサミが実際に入っている箱の確率に関して分析を行った。

まずは，物体の位置に関する情報の顕著性が減少しているときは（課題B），物体の位置が図示されているとき（課題Aおよび課題C）と比べて，知識の影響が低減しているかどうかを調べた。ハサミが斜線模様の箱に入っているときの斜線模様の箱に見積もられた確率を表10A～10Cから抜き出して，図17にまとめた。それらの確率について分析を行ったところ，条件間のどこにも有意差がないことが示唆された[38]。顕著性減少条件では挿絵から物体位置の視覚情報を排除した

---

36) 1要因被験者間分散分析における知識の種類の主効果（$F(2, 102) = 3.59$, $MSE = 348.44$, $p = 0.031$, $\eta^2 = 0.066$）

37) Dunnettのt検定（$p = 0.021$, $d = 0.634$）

38) 1要因分散分析における挿絵の種類の主効果（$F(2, 97) = 2.22$, $MSE = 450.56$, $p = 0.114$, $\eta^2 = 0.044$）

第 5 章　情報のインパクトと《心の読みすぎ》

表 10C. 顕著性増加条件の各箱に見積もられた確率の平均値（実験 5）

知識の条件 （ハサミの位置）		箱			
		網目模様	斜線模様	レンガ模様	縦縞模様
妥当知識条件 （ハサミは斜線 模様の箱）		登場人物・ 花子が最初 にハサミを 探した箱	**55.05** **(21.70)**	21.89 (12.93)	23.05 (17.46)
非妥当知識条件 （ハサミは縦縞 模様の箱）			42.21 (18.82)	26.15 (11.17)	**31.64** **(22.14)**
知識なし条件 （ハサミは場面 から消失）			55.41 (20.19)	24.76 (12.35)	19.82 (15.13)

注：括弧内は標準偏差

ものの，それでも物体位置の事実にもとづいた推測バイアスを抑える十分な効果はなかったのかもしれない。

続いて，物体の位置に関する情報の顕著性が増加しているときは（課題 C），物体の位置に関する情報が特別目立つわけではないとき（課題 A および課題 B）と比べて，知識の影響が増加しているかどうかを調べた。ハサミが縦縞模様の箱に入っているときの縦縞模様の箱に見積もられた確率を表 10A〜10C から抜き出して，図 18 にまとめた。それらの確率について分析を行ったところ，条件間のどこかに有意差が存在する可能性が示唆された[39]。そこで，顕著性通常条件と他の条件との比較を実施した。その結果，顕著性通常条件（21.88％）と顕著性減少条件（23.07％）との間に有意差はなかったが[40]，通常条件よりも顕著性増加条件（31.64％）のほうが確率が高く見積もられる傾向にあった[41]。この分析結果は，縦縞模様の箱を赤色にして目立たせた顕著性増加条件では，通常条件や減少条件よりも事実に偏って登場人物の心的状態を推定する程度が大きくなったことを意味している。

まとめ

本実験では，大人版「予期せぬ移動課題」の中に現れるさまざまな刺激の目立ちやすさを変化させることによって，現在の事実に関する知識の顕著性を直接操作し，それが物語の登場人物の心的状態の推測判断にどのような影響を及ぼすかを検討した。その結果，大きく以下

---

[39] 1 要因分散分析における挿絵の種類の主効果（$F(2, 92) = 2.57$, $MSE = 360.62$, $p = 0.082$, $\eta^2 = 0.053$）
[40] Dunnett の t 検定（$p = 0.958$, $d = 0.072$）
[41] Dunnett の t 検定（$p = 0.071$, $d = 0.517$）

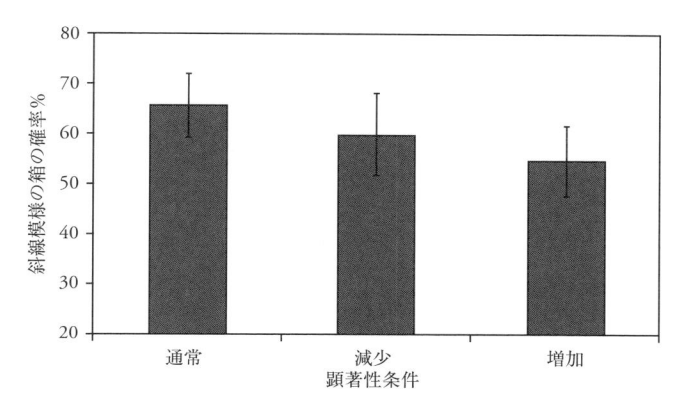

第5章　情報のインパクトと《心の読みすぎ》

図 17. 実験5の各顕著性条件において斜線模様の箱にハサミが入っているときに斜線模様の箱に見積もられた確率。エラーバーは95％信頼区間。

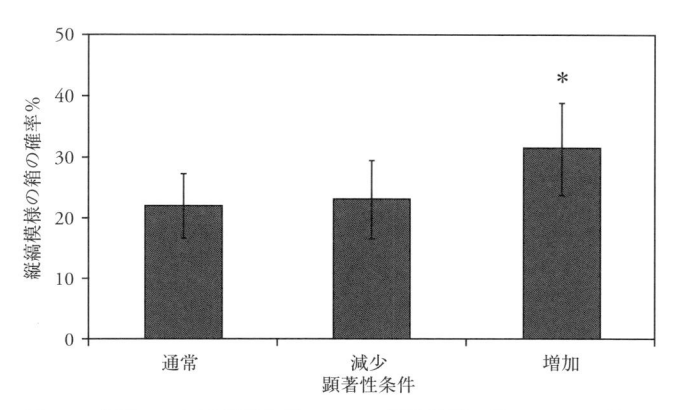

図 18. 実験5の各顕著性条件において縦縞模様の箱にハサミが入っているときに縦縞模様の箱に見積もられた確率。エラーバーは95％信頼区間。アスタリスク（＊）は有意に大きな傾向を示している。

の3つの知見が得られた。

第一に，顕著性通常条件は実験1を再現していた。妥当知識条件では現在の事実に関する知識に影響された推測判断が見られ，非妥当知識条件では影響が見られないことを実証した。第二に，通常条件から物体の移動に関する図示を取り除き，現在の事実に関する知識の顕著性を低減させた条件では，実験1および本実験の通常条件において現在の事実を登場人物の心的状態に過剰帰属した妥当知識条件であっても過剰帰属が見られなくなることが示された。第三に，白黒印刷の材料の中で一部分を赤色で印刷し，現在の事実に関する知識の顕著性を増大させたときには，実験1および本実験の通常条件において自分の知識の相手への過剰帰属が見られなかった非妥当知識条件であっても過剰帰属が見られるようになった。これらの結果は，大人であっても子どもと同じように，情報の視覚的顕著性が低いとそれを相手の心的状態の推測に使用しなくなったり，逆に視覚的顕著性が高いとそれを相手の心的状態に過剰帰属するようになることを示唆している。

5-3. 情報の鮮明さと《心の読みすぎ》

出来事の原因が視覚的に顕著な人物や事象に帰属されやすいことは古くから数多くの研究で実証されてきた（McArthur & Ginsberg, 1981; Pryor & Kriss, 1977; Taylor & Fiske, 1978）。例えば，McArthur & Post（1977）は，椅子に腰かけた初対面の2人の人物が日常的な会話をしている場面のビデオを参加者に見せ，各人物の会話がどの程度状況に影響されているか，それとも性格特性に起因しているかを評定させた。ビデオ

中の片方の人物だけが明るい照明を当てられていたり（実験1），ロッキングチェアに座って体を揺らしたり（実験2），派手な柄のシャツを着たりして（実験3）目立ちやすくなっていた。それらの実験の結果，目立つほうの人物の会話は状況に影響されている程度が相対的に低く，その人物の特性がより会話に表れていると判断された。つまり，目立つ人物はその人自身が状況を作り出す原因だとみなされたのである。

一方で本章の実験5は，環境中の視覚的に顕著な刺激が他者の心的状態や行動の予測に帰属されることを示した。目立つ情報は他者の心的状態や行動の原因になりうるとみなされやすくなったのかもしれない。実験5においてハサミが縦縞模様の箱に入っているという情報は，通常であれば他者の心的状態に過剰に帰属されることはない。しかし，縦縞模様の箱が視覚的に注意を引きやすくなったため，ワーキングメモリ上でハサミの位置に関する情報にも同時に注意が向けられてその情報の利用可能性も高まり，結果的に登場人物の心的状態に過剰に帰属されてしまったのだろう。

実験5において物体位置を図示せずに現在の事実の視覚的な目立ちやすさを低減させても，物体が実際に入っている斜線模様の箱に対して見積もられた確率は，物体位置の図示があるときとさほど変わらなかった。これは現在の事実に関する知識が，たとえその視覚的顕著性が低減したとしても，非常に強力に推測判断に影響することを示唆する証拠かもしれない。しかしながら，この結果は事実に関する知識の顕著性を低減させれば幼い子どもは心の理論課題に成功しやすくなるという先行研究の知見と一致しない（Mitchell & Lacohee, 1991; Wellman & Bartsch, 1988; Zaitchik, 1991）。これは，大人のほうが子どもよりも言語情報をもとにして，より強固な情報の痕跡をワーキングメモリ内に

形成できるからかもしれない。子どもは言語能力が未熟であり，言葉だけで伝えられた情報はそれほど鮮明にワーキングメモリ内に形成することができないが，大人であれば言語情報だけで十分に鮮明な情報をワーキングメモリ内に形成して保持しておけると考えられる。したがって，大人にとっては物体の移動と位置が視覚的に呈示されなくても，言語情報さえあればそれが容易にワーキングメモリ内で利用可能性の高い情報になり，そしてときには過剰推測に使用してしまう情報として機能しうるのだろう。

　以上に考察してきたように，視覚情報が提示されなくても言語情報だけで情報の鮮明さは容易には低減しない可能性が高いので，《心の読みすぎ》も簡単にはなくならない。しかし一方で，本章の実験4では，情報獲得の最中にワーキングメモリに認知的負荷が課されたときには鮮明な記憶痕跡の形成が阻害され，《心の読みすぎ》が消失する可能性があるということが示唆された。したがって，本章の研究は大人の場合，情報の顕著性は情報の視認性を低減したからといって容易には低下しないが，記憶情報を形成している最中のワーキングメモリ負荷によっては低下して《心の読みすぎ》を回避しうる，というようにまとめられる。だからと言って，ワーキングメモリにいつも認知的負荷を課して，情報をいい加減に認知していればいいというわけではない。本書の研究で用いている花子－太郎課題は常に注意を要する危険な課題ではないので問題はなかったが，現実世界のより複雑な状況では，ワーキングメモリへの認知的負荷のせいで重要な思考・判断に必要な情報を見落としてしまう危険性が高まってしまう。私たちは日常生活において他人の心を読む以上にさまざまな重要判断を行わねばならないので，そんなに注意散漫でいては危険すぎるのは言うまでもない。やはり，ワーキングメモリは機能が低下しないよう常日頃から

万全に保っておきたい。

　私たちがすべきことは，自分のワーキングメモリを疲労させることではなく，知覚的にあるいは記憶の中で目立つ情報は容易に他者の心に帰属される可能性が高いことを認識し，目立つ情報があるときにはそれによって全てを決めてしまわないよう気を配ることだと言えるだろう。

第 **6** 章

思考の特性と《心の読みすぎ》

○○をしやすい人は《心の読みすぎ》もしやすい？

6-1.【実験6】知ったかぶりをする人は読みすぎる

　前章までの実験では他人の心を読むとき，すなわち「心の理論」の使用において自分の知識が相手の心的状態に過剰帰属される認知的要因を，特にワーキングメモリの働きとの関連の中で追究してきた。しかしながら，他人の心を読む能力は，自分の心の状態を想起したり理解したりする能力とも関連が深い（Premack & Woodruff, 1987; Wellman et al., 2001）。第 2 章でも見たように，大人の他人の心を読む能力に関する研究は近年数多く発表されるようになってきたが，大人が自分の心の状態を想起したり理解したりする能力と他人の心を読む能力との関連はほとんど調べられていない。そこで，本章では，大人が自分の心的状態を想起するメカニズムと，それが他人の心的状態の推測にどのように関連するかについて検討していく。

　大人は他人の心的状態を推測するとき，心の理論課題に通過しない幼い子どもと同じように「自分の知識＝相手の知識」と考えてしまい，相手とは共有していない自分の知識を相手の心的状態や行動の予測に過剰に帰属してしまうことがある。このことは本書の研究の中でも繰り返し示されてきた。しかしながら，大人が自分の過去の心的状態を振り返るときに子どもと似たようなパターンを見せるかどうかは調べられてこなかった。子どもの心の理論研究では，「スマーティ課題（Smarties task）」が自分自身の心的状態を正しく振り返ることができるかどうかを調べるために使われてきた（Perner, Leekam, & Wimmer, 1987）。Smarties はチョコレート菓子の商品名である。スマーティ課題では，子どもはチョコレート菓子の箱を見せられ，「この箱の中に

何が入っていると思いますか？」と尋ねられる。子どもはふつう「チョコレート」と答える。しかし箱の中にはチョコレートではなく，実際には鉛筆が入っていることが明かされる（期待とは異なる物が入っていることから，「予期せぬ中身課題（unexpected content task）」と言うこともある）。続いて，子どもは「あなたが最初にこの箱の中身を見る前に，箱には何が入っていると思いましたか？」と質問される。正解は「チョコレート」だが，間違って「鉛筆」と答えてしまう子どももいる。つまり，"知ったかぶり"をしてしまうのである。さらに，子どもは「あなたの友達はこの箱を最初に見たとき，何が入っていると思うでしょうか？」と尋ねられる。最初の質問で知ったかぶりをして「鉛筆」と答えた子どもの大部分は，ここでも「鉛筆」と答えてしまう。スマーティ課題の実験から，子どもは現在の事実に関する自分の知識を，自分の過去の信念と他者の心的状態の両方に容易に帰属することがわかる。

そこで本章の実験では，大人が子どもで見られるのと同様に，現在の事実に関する自分の知識を他者の信念だけではなく，自分自身の過去の信念にも帰属してしまうかどうかを検討するために，大人向けスマーティ課題を開発する。また，大人が自分自身の知識にもとづいて他者の心的状態を過剰評価するという本書の実験 1 や Birch & Bloom（2007）の結果を，スマーティ課題を用いて再現することも目的とする。そして，大人における自分自身の信念の振り返りと他者の心的状態の推測との関係を調べる。子どもを対象とした発達研究は，スマーティ課題において自分自身の信念を想起するのに失敗した子どもは他者の心的状態を正しく評価することもまた困難だということを示してきた（Gopnik & Astington, 1988; Wellman et al., 2001）。しかし，大人では自分自身の心的状態の想起と他者の心的状態の推測との関係は調べら

第6章 思考の特性と《心の読みすぎ》

れてこなかった。大人向けにデザインされた心の理論課題の中でそれらの関係を調べることによって，子どもと大人の間にある発達的差異を埋めることができるだろう。

　まず初めに，子どものスマーティ課題を，本書の研究で使ってきた確率評定の手法を用いて大人で実施するよう改変した。本実験で用いる大人版スマーティ課題では，子ども向けの伝統的なスマーティ課題と同様，実験参加者は最初に中身の見えない箱の中に何が入っていると思うかを予想するよう求められた。箱の中身に関する3つの結果は以下の3パターンになる。(a) 箱の中身が参加者の最初の予想と一致していた。(b) 箱の中身が予想と一致していなかった。(c) 箱の中身は空っぽだった。参加者が箱の中身は自分が最初に予想していたものと同じだと知ったとき，参加者の最初の予想は結果と一致する「正しい」信念だということになる（正信念グループ）。参加者が箱の中身は自分が最初に予想していたものと異なるものだと知ったとき，参加者の最初の予想は結果と一致しない「誤った」信念だということになる（誤信念グループ）。参加者が箱の中に何も入っていないと知ったとき，その結果は最初の信念を干渉したり変容したりする可能性のある特定の情報を含まないので，自分の最初の予想は結果とは関係ない「無関係な」信念だということになる（無関連信念グループ）。したがって，無関連信念グループは正信念グループと誤信念グループに対するコントロール（統制）条件だと言える。箱の中身が明かされた後，参加者は最初の予想を思い出し，どのくらい確信があったかを確率で評価するよう求められた。そして最後に，箱の中身を知らない登場人物が箱の中に何が入っていると思うかを予想するよう求められた。

　本実験の1つ目の目的は，スマーティ課題の中で大人が結果の知識を自分の最初の信念にどのように帰属するかを検討することである。

もし誤信念グループの参加者が結果の知識を自分の誤信念に過剰に帰属したなら，結果を予想していた確率を無関連信念グループの参加者よりも高く見積もるはずである。また，子どもも大人も他者の誤った信念よりも正しい信念のほうが正確に推測しやすいことが知られている（German & Hehman, 2006; Leslie, German, & Polizzi, 2005）。しかしながら，正信念グループの参加者は単純に誤信念グループの参加者と同じように，結果の知識の重要性を過大評価しており，したがって正しい解答に容易に到達できているだけかもしれない。この疑問に答えるために，正信念グループの参加者が結果の知識を自分の最初の信念に過剰に帰属するかどうかも検討する。もし正信念グループの参加者が結果の知識を自分の正信念に過剰に帰属したなら，結果を予想していた確率を無関連信念グループの参加者よりも高く見積もるはずである。

　本実験の2つ目の目的は，スマーティ課題を用いて，大人が自分自身の知識を他者の心的状態に過剰に帰属してしまい，他者の心的状態の公正な判断ができなくなってしまうという本書の実験1などの結果を追試することである。

　本実験の3つ目の目的は，大人における自分の信念の想起と他者の心的状態の推測との関係を検討することである。大人向けスマーティ課題を用いて，子どもが伝統的なスマーティ課題で見せる失敗のように（Gopnik & Astington, 1988; Wellman et al., 2001），結果の知識にもとづいて自分の過去の信念を過大評価する人は（つまり知ったかぶりをする人は），他人の心的状態もまた過大評価するかどうかを調べる。また，正信念グループと誤信念グループの結果を比較することによって，自分の過去の信念と結果が一致したとき（正信念）でも一致しなかったとき（誤信念）でも，自分と他者の信念の過大評価が起きるのかどうかも加えて検討する。

実験の方法

　大学生271名（平均年齢19.1歳；男性123名，女性144名，不明4名）が冊子を用いた集団実験に参加した。参加者は箱の中身に関する自分の予想と実際の箱の中身が一致するとき，不一致のとき，そして何もないときの各々に対応して，正信念グループ，誤信念グループ，そして無関連信念グループの3グループに分けられた。

　本実験のスマーティ課題は4つの場面から構成されていた。状況のイラストと回答欄は各場面の文章の右側に呈示された（図19）。ストーリーを以下に示す。場面②では3つのストーリーのうち1つだけが呈示された。

　　①　部屋の中に，「テープ収納ボックス」と書かれた，ふたのついた箱があります。あなたは，箱の中に右の3つの物（ビデオテープ／ガムテープ／ばんそうこう）のうち，どれが入っていそうだと思いますか？　最も入っていそうなものに「1」，次に入っていそうなものに「2」，最も入ってなさそうなものに「3」をそれぞれの下線部分に記入してください。正解・不正解はありませんので，素直に思ったとおりを答えてください。
　　②　（前ページからの続きです）
太郎さんが部屋へやってきて，
　　―箱の中からビデオテープを取り出して
　　―箱の中からガムテープを取り出して
　　―箱の中には何も入っていないことを確認して
部屋から出てゆきました。
　　③　あなたは最初に，箱の中に右の3つの物（ビデオテープ／ガムテープ／ばんそうこう）それぞれが，どれくらいの確率で入っている

と考えていましたか？　右の各選択肢の下線部分に，3つの合計が100%になるようそれぞれの確率を記入してください。
　　④　部屋に花子さんがやってきました。花子さんは箱の中に何が入っているか知りません。花子さんは3つの物（ビデオテープ／ガムテープ／ばんそうこう）がそれぞれどのくらいの確率で入っていると思うでしょうか？　3つの合計が100%になるように，右の各選択肢の下線部分に確率を記入してください。

　A5サイズの冊子はまず表紙があり，1ページ目には場面①が，2ページ目には場面②と場面③がそれぞれ上下に，そして3ページ目には場面④が印刷されていた。自分の信念の想起が先で他者の心的状態の推測が後という課題の順序は，子ども向けスマーティ課題（Perner et al., 1987）の順序に合わせた。
　あるテープ（ビデオテープあるいはガムテープ）が最も箱の中に入っていそうだと最初に予想した人にとって，場面②においてそのテープが実際に箱に入っていたと知ったとき，最初の信念は正しいということになる（すなわち，正信念グループ）。一方，場面②において最初の予想とは異なるほうのテープが実際に箱の中に入っていたと知ったとき，最初の信念は誤ったものだということになる（すなわち，誤信念グループ）。また，箱の中に何も入っていないとわかったときは，最初の信念は結果と関係がなかったとみなされる（すなわち，無関連信念グループ）。参加者が最初に箱の中に最も入っていそうだと予想したものと実際の箱の中身によって，どのグループに分類されるかを図20に示した。
　実験者は教室の前に立ち，ストップウォッチで計時しながら，各ページの制限時間が来たときに，冊子のページをめくるよう参加者に合図

第 6 章　思考の特性と《心の読みすぎ》

部屋の中に,「テープ収納ボックス」と書かれた,ふたのついた箱があります。

あなたは,箱の中に右の3つの物のうち,どれが入っていそうだと思いますか？ 最も入っていそうなものに「1」,次に入っていそうなものに「2」,最も入ってなさそうなものに「3」をそれぞれの下線部分に記入してください。正解・不正解はありませんので,素直に思ったとおりを答えてください。

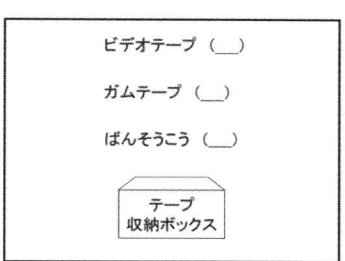

ビデオテープ　（　）

ガムテープ　（　）

ばんそうこう　（　）

テープ
収納ボックス

（前ページからの続きです）

太郎さんが部屋へやってきて,箱の中からビデオテープを取り出して部屋から出てゆきました。

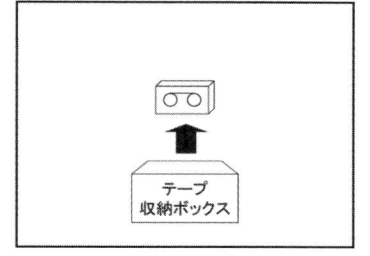

テープ
収納ボックス

あなたは最初に,箱の中に右の3つの物それぞれが,どれくらいの確率で入っていると考えていましたか？

右の各選択肢の下線部分に,3つの合計が100%になるようそれぞれの確率を記入してください。

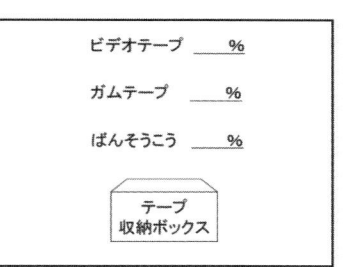

ビデオテープ　＿＿％

ガムテープ　＿＿％

ばんそうこう　＿＿％

テープ
収納ボックス

部屋に花子さんがやってきました。花子さんは箱の中に何が入っているか知りません。

花子さんは3つの物がそれぞれどのくらいの確率で入っていると思うでしょうか？3つの合計が100%になるように,右の各選択肢の下線部分に確率を記入してください。

ビデオテープ　＿＿％

ガムテープ　＿＿％

ばんそうこう　＿＿％

テープ
収納ボックス

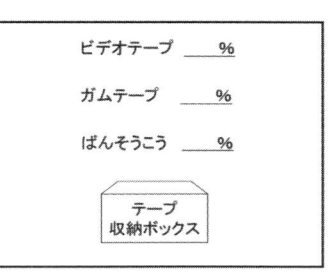

図 19．実験 6 で使われた大人向けスマーティ課題

を送った。実験を始める前に，参加者は実験者が「ページをめくってください」と合図を出すまでは決してページをめくらないよう言われた。各ページの制限時間は40秒で，参加者はその40秒を物語の読解と質問への回答に自由に時間を配分することができた。

実験の結果

　ビデオテープあるいはガムテープを最も箱に入ってなさそうだと回答した参加者のデータは，数が少なすぎるため以下の分析から除外した。そのような参加者は，箱の中身がビデオテープだったシナリオでは15名，ガムテープだったシナリオでは17名，そして何も入っていないシナリオでは16名であった。さらに，確率の合計が100％にならなかった参加者のデータも除外した。その結果，ガムテープのシナリオで2名，何も入っていないシナリオで2名のデータが追加で除外された。最終的に219名分のデータで以下の分析を行った。

記憶エラー

　何名かの参加者は最初に予想した順位と矛盾する確率を見積もっていた。このような不一致を「記憶エラー」と呼ぶことにする。記憶エラーを犯した参加者数を表11にまとめた。例えば，最初にビデオテープを「1」，ガムテープを「2」と予想したにもかかわらず，自分の予想を想起する際にビデオテープに「30％」，ガムテープに「50％」と見積もったような場合である。記憶エラーを犯した参加者の数は非常に少なかったので，統計分析に耐えうるよう，最初にビデオテープが最も入っていそうだと予想した参加者とガムテープが最も入っていそうだと予想した参加者のデータは合算して分析した。

第 6 章　思考の特性と《心の読みすぎ》

| 最初の予想 | 箱の中身 | 信念グループ |

ビデオテープ →
- ビデオテープ → 正信念グループ
- ガムテープ → 誤信念グループ
- 何もなし → 無関連信念グループ

ガムテープ →
- ガムテープ → 正信念グループ
- ビデオテープ → 誤信念グループ
- 何もなし → 無関連信念グループ

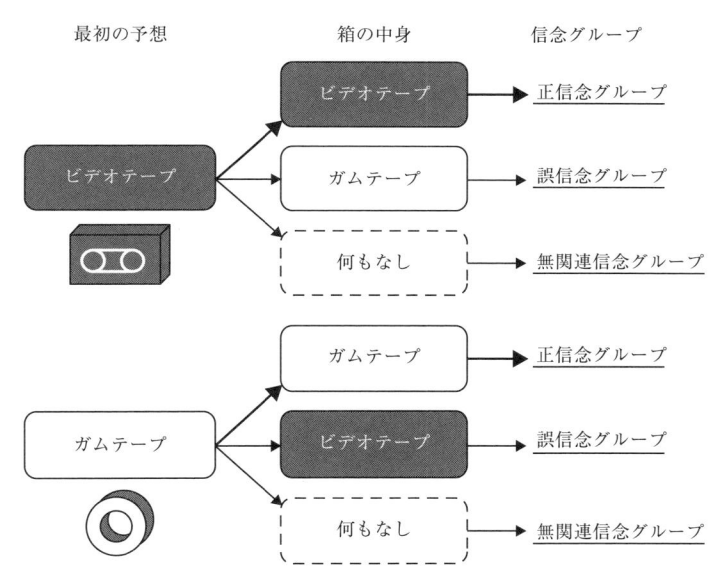

図 20. 実験 6 の大人のスマーティ課題におけるグループの分類。最初の予想と一致した物が箱に入っていれば「正信念グループ」，最初の予想と一致しない物が箱に入っていれば「誤信念グループ」，そして最初の予想にかかわらず箱の中に何も入っていなければ「無関連信念グループ」となる。

記憶エラーを犯した参加者数に対して，信念グループと記憶エラーを犯す参加者数との関係を分析した結果，信念グループが異なれば記憶エラーを犯す参加者数の割合も異なることがわかった[42]。これは誤信念グループの参加者は最初の予想とは一致しない確率を見積もりやすい傾向にあったことを意味している。

　以下の確率の分析では，記憶エラーを犯した参加者のデータを除外して分析を行った。記憶エラーを犯した参加者はそうでない参加者とは質的に異なるやり方で自身の最初の予測を評価していた可能性がある。記憶エラーの見られた参加者は不正確な記憶にもとづいた評価を行っていたが，記憶エラーの見られなかった参加者は本質的に正確な記憶にもとづいて評価を行っていたと考えられるからである。

自分の最初の信念に対して見積もられた確率

　自分の最初の予想に対して見積もられた確率の平均値を表12にまとめた。本実験の主要な目的のひとつは，大人が自分の誤信念を想起するよう求められたとき，結果の知識にバイアスされた想起をするかどうかを調べることであった。もし誤信念グループの参加者が結果の知識に大きく影響されるなら，結果と不一致な自分の最初の信念を思い出すときには，（結果に関する特定の知識を持っていない）無関連信念グループの参加者に比べて，結果の知識を反映した確率の過大評価を行ってしまうだろう。

　最初に箱の中にはビデオテープが最も入っていそうだと予想した参加者が（表12上段），ガムテープに見積もった確率を表から抜き出して図21Aに示した。それらの確率に対して分析を行った結果，信念

---

[42] χ^2 検定（$\chi^2(2) = 13.86$, $p < 0.001$）

第6章　思考の特性と《心の読みすぎ》

表 11. 信念グループ別の記憶エラーを犯した参加者数（実験 6）

	正信念	誤信念	無関連信念
記憶エラーあり	1	13	2
記憶エラーなし	64	70	69

表 12. 自分の最初の信念に対して見積もられた確率の平均値（実験 6）

最初に予想した順位	実際の中身（信念グループ）	人数	確率		
			ビデオテープ	ガムテープ	ばんそうこう
ビデオテープ＝1；ガムテープ＝2	ビデオテープ（正信念）	37	**73.22** **(16.17)**	19.76 (12.09)	7.03 (6.29)
	ガムテープ（誤信念）	41	64.20 (12.39)	**27.78** **(10.33)**	8.02 (5.91)
	何もなし（無関連信念）	40	72.93 (17.40)	20.80 (13.53)	6.28 (5.34)
ガムテープ＝1；ビデオテープ＝2	ガムテープ（正信念）	27	25.15 (12.37)	**66.41** **(16.18)**	8.44 (10.11)
	ビデオテープ（誤信念）	29	**33.17** **(10.42)**	56.72 (12.48)	10.10 (7.66)
	何もなし（無関連信念）	29	23.90 (11.15)	63.17 (15.86)	9.93 (7.08)

注：括弧内は標準偏差

グループ間のどこかに有意差のあることがわかった[43]。そこで，各信念グループの確率を個別に比較するための詳細な分析を行ったところ，誤信念グループ（実際にはガムテープが入っていた）のほうが無関連信念グループよりも有意に高い確率を見積もっていたことが判明した[44]。続いて，最初に箱の中にはガムテープが最も入っていそうだと予想した参加者が（表12下段），ビデオテープに見積もった確率を表から抜き出して図21Bに示した。それらの確率に対して分析を行った結果，信念グループ間のどこかに有意差のあることがわかった[45]。そこで，さらに詳細な分析を行ったところ，誤信念グループ（実際にはビデオテープが入っていた）のほうが無関連信念グループよりも有意に高い確率を見積もっていた[46]。以上の結果は，大人が自分の誤信念を想起して評価するときに，自分の誤信念を結果の知識の方向に歪めてしまうことを示唆している。大人で観察されたこのバイアスは，伝統的なスマーティ課題における子どもの振舞いに似ていると言える。

続いて，結果が自分の最初の予測と一致していることを知ったとき，参加者は自分の正しい信念に対する確信度を極端に強めることがあるかどうかを検討した。もし正信念グループの参加者が誤信念グループの参加者と同じように結果の知識に強く影響されるなら，正信念グループの参加者は（無関連信念グループの参加者に比べて）自分の最初の信念に対して極端な確率を見積もるだろう。

最初に箱の中にはビデオテープが最も入っていそうだと予想した参

---

[43] 1要因被験者間分散分析におけるグループの主効果（$F(2, 115) = 5.24$, $MSE = 144.94$, $p = 0.007$, $\eta^2 = 0.083$）
[44] Tukey's HSD テスト（$p = 0.028$, $d = 0.585$）
[45] 1要因被験者間分散分析におけるグループの主効果（$F(2, 82) = 5.70$, $MSE = 127.95$, $p = 0.005$, $\eta^2 = 0.122$）
[46] Tukey's HSD テスト（$p = 0.007$, $d = 0.860$）

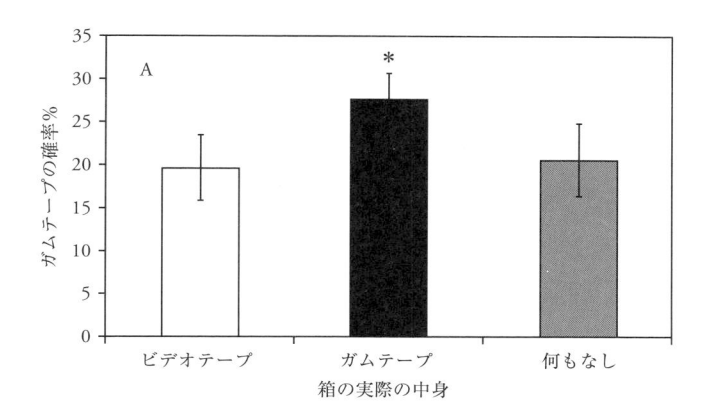

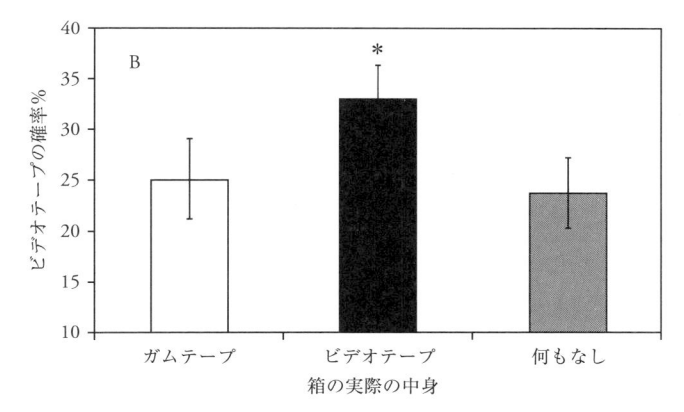

第6章 思考の特性と《心の読みすぎ》

図21. 実験6において自分の最初の予想に対して確率を見積もるよう求められたとき，(A) 最初にビデオテープが最も入っていそうだと予想した参加者が，ガムテープに見積もった確率，(B) 最初にガムテープが最も入っていそうだと予想した参加者が，ビデオテープに見積もった確率。グラフは両方とも，白色のバーが正信念グループ，黒色のバーが誤信念グループ，灰色のバーが無関連信念グループを表している。エラーバーは95％信頼区間。アスタリスク（*）は有意に大きな確率を示している。

加者が（表12上段），ビデオテープに見積もった確率を表から抜き出して図22Aに示した。それらの確率に対して分析を実施したところ，グループ間のどこかに有意差のあることが示唆された[47]。しかしながら，各グループ間の確率を比較するためのより詳細な分析を行ったところ，正信念グループで見積もられた確率は無関連信念グループの確率と有意な差がなかった[48]。続いて，最初に箱の中にはガムテープが最も入っていそうだと予想した参加者が（表12下段），ガムテープに見積もった確率を表から抜き出して図22Bに示した。それらの確率に対して分析を行ったところ，グループ間のどこかに有意差のあることが示唆された[49]。しかしながら，各グループ間の比較分析では，先の結果と同様に，正信念グループで見積もられた確率は無関連信念グループの確率と有意な差は見られなかった[50]。したがって，大人は結果の知識を自分の正しい信念に過剰帰属することはなかったと言える。これは誤信念の結果とは異なる。つまり，大人は自分の現在の知識を過去の信念に帰属してしまうが，そのような過剰帰属は過去の信念が誤信念であったときにのみ起こりうることであり，正信念のときには起こらないということが示された。

他者の心的状態に対して見積もられた確率

登場人物（花子）が箱の中身を何だと考えているかに対して見積もられた確率の平均値を表13にまとめた。本実験の大人向けスマーティ

---

[47] 1要因被験者間分散分析におけるグループの主効果（$F(2, 115) = 4.43$, $MSE = 237.86$, $p = 0.014$, $\eta^2 = 0.072$）
[48] Tukey's HSDテスト（$p = 0.996$, $d = 0.017$）
[49] 1要因被験者間分散分析におけるグループの主効果（$F(2, 82) = 3.93$, $MSE = 222.15$, $p = 0.023$, $\eta^2 = 0.088$）
[50] Tukey's HSDテスト（$p = 0.998$, $d = 0.081$）

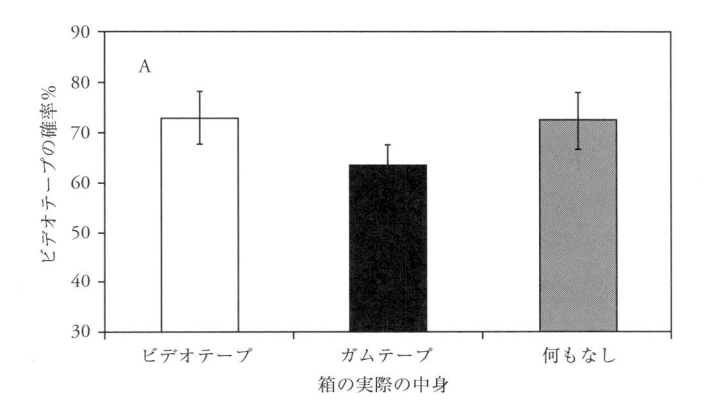

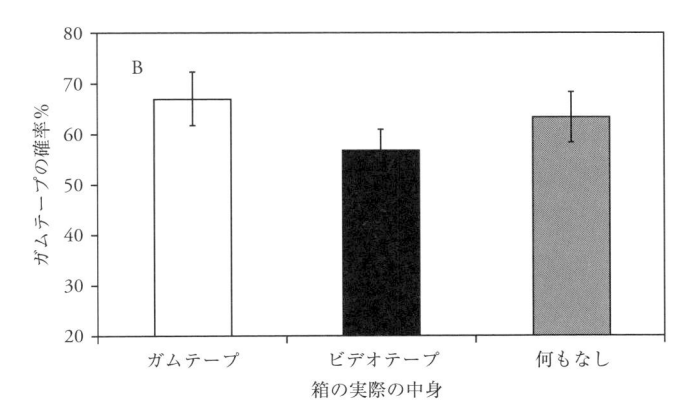

第6章 思考の特性と《心の読みすぎ》

図22. 実験6において自分の最初の予想に対して確率を見積もるよう求められたとき，(A) 最初にビデオテープが最も入っていそうだと予想した参加者が，ビデオテープに見積もった確率。(B) 最初にガムテープが最も入っていそうだと予想した参加者が，ガムテープに見積もった確率。グラフは両方とも，白色のバーが正信念グループ，黒色のバーが誤信念グループ，灰色のバーが無関連信念グループを表している。エラーバーは95％信頼区間。

課題が，実験 1 などで使われた大人向け予期せぬ移動課題の結果を再現するかどうかを調べるために，参加者は箱の中身に関する知識にもとづいて箱の中身を知らない花子の心的状態を推測するかどうか，すなわち心を読みすぎるかどうかを検討した。もし誤信念グループの参加者が結果の知識を他人の心的状態に帰属するなら，結果と一致する選択肢に対して無関連信念グループよりも高い確率を見積もるだろう。

　箱の中にはビデオテープが最も入っていそうだと最初に予想した参加者が（表 13 上段），ガムテープに見積もった確率を表から抜き出して図 23A に示した。それらの確率に対して分析を実施したところ，グループ間のどこかに有意な差のあることが示唆された[51]。そこでさらに詳細な比較分析を行ったところ，無関連信念グループよりも誤信念グループにおいて有意に高い確率が見積もられたことがわかった[52]。続いて，最初に箱の中にはガムテープが最も入っていそうだと予想した参加者が（表 13 下段），ビデオテープに見積もった確率を表から抜き出して図 23B に示した。それらの確率に対して分析を実施したところ，グループ間のどこかに有意な差のあることが示唆された[53]。さらに詳細な比較分析では，無関連信念グループよりも誤信念グループにおいて，有意に高い確率が見積もられたことを示した[54]。これらの結果は，参加者が自分の誤信念を想起評価したときの結果のパターンと同じである。これは参加者が結果の知識を自分の過去の信

---

[51] 1 要因被験者間分散分析におけるグループの主効果（$F(2, 115) = 4.04$, $MSE = 185.39$, $p = 0.020$, $\eta^2 = 0.066$）
[52] Tukey's HSD テスト（$p = 0.030$, $d = 0.554$）
[53] 1 要因被験者間分散分析におけるグループの主効果（$F(2, 82) = 3.56$, $MSE = 273.35$, $p = 0.033$, $\eta^2 = 0.080$）
[54] Tukey's HSD テスト（$p = 0.025$, $d = 0.680$）

第6章 思考の特性と《心の読みすぎ》

表13. 他者（登場人物・花子）に対して見積もられた確率の平均値（実験6）

最初に予想した順位	実際の中身（信念グループ）	人数	確率		
			ビデオテープ	ガムテープ	ばんそうこう
ビデオテープ＝1；ガムテープ＝2	ビデオテープ（正信念）	37	**60.94** **(19.29)**	24.86 (12.55)	14.19 (15.83)
	ガムテープ（誤信念）	41	55.00 (19.40)	**31.95** **(13.46)**	13.05 (11.98)
	何もなし（無関連信念）	40	59.25 (24.61)	24.15 (14.68)	16.60 (15.64)
ガムテープ＝1；ビデオテープ＝2	ガムテープ（正信念）	27	35.59 (14.61)	**44.93** **(15.43)**	19.48 (19.35)
	ビデオテープ（誤信念）	29	**41.34** **(20.41)**	43.72 (21.54)	14.93 (18.73)
	何もなし（無関連信念）	29	29.76 (13.64)	52.72 (19.01)	17.52 (13.71)

注：括弧内は標準偏差

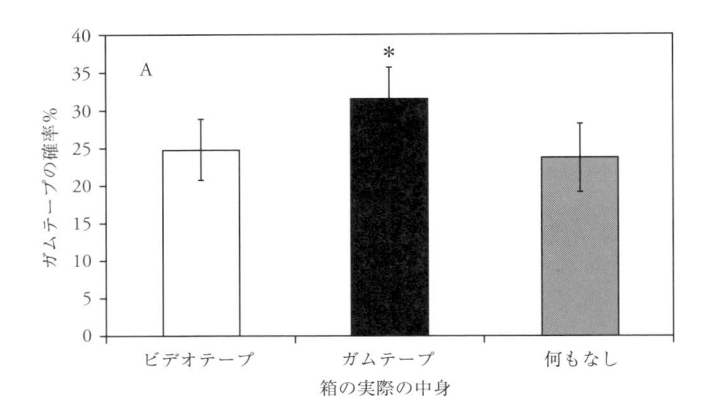

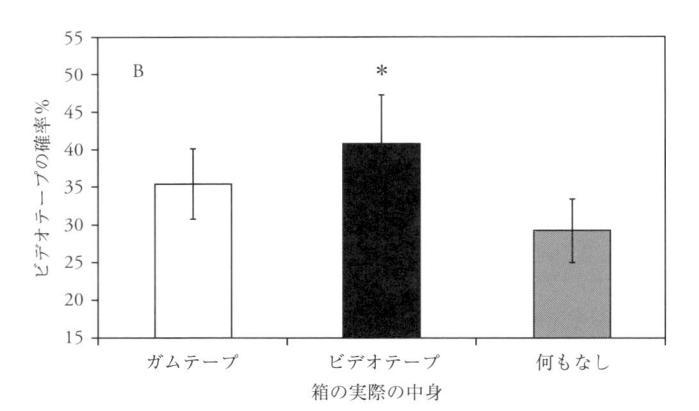

図 23. 実験 6 において箱の中身を知らない登場人物・花子の信念に対して確率を見積もるよう求められたとき，(A) 最初にビデオテープが最も入っていそうだと予想した参加者が，ガムテープに見積もった確率，(B) 最初にガムテープが最も入っていそうだと予想した参加者が，ビデオテープに見積もった確率。グラフは両方とも，白色のバーが正信念グループ，黒色のバーが誤信念グループ，灰色のバーが無関連信念グループを表している。エラーバーは 95％信頼区間。アスタリスク（＊）は有意に大きな確率を示している。

表14. 正信念および誤信念グループにおける過大評価者と過小評価者の内訳（実験6）

自分自身の信念	他者の心的状態			
	(a) 正信念グループ		(b) 誤信念グループ	
	過大評価者	過小評価者	過大評価者	過小評価者
過大評価者	19	12	38	10
過小評価者	17	16	11	11

念だけでなく，他者の心的状態にも帰属したことを示している。

自分と他者の心的状態の評価間の関連

　以下では，最初に箱の中にビデオテープが入っていると予想した参加者とガムテープが入っていると予想した参加者のデータを合わせて分析を行った。なぜなら，ここまでの分析で，最初にどちらのテープが最も入っていそうだと予想しても，確率の評定結果のパターンは異ならなかったからである。

　正信念グループと誤信念グループにおいて，実際に箱の中に入っていた物に対して見積もった確率が，無関連信念グループで同じものに対して見積もられた確率の平均値よりも高かった参加者を「過大評価者」とした。対照的に，実際に入っていた物に対して見積もった確率が無関連信念グループの同じ物に対する確率の平均値よりも低かった参加者を「過小評価者」とした。無関連信念グループは確率の評価に影響する特定の知識を持っていなかったため，正信念グループと誤信念グループに対する統制グループだとみなすことができた。したがって，無関連信念グループとの確率の差は，箱の中に実際に入っていた物についての知識が確率の評定に影響した程度を表すと考えられる。

　表14は各課題の各条件における過大評価者と過小評価者の内訳を示したものである。正信念グループにおける過大評価者と過小評価者

の割合を分析した結果，自分の最初の信念を過大評価した人は過小評価した人と比べても，必ずしも他者の心的状態を過大評価する傾向にあるわけではないことが示唆された[55]。一方，誤信念グループに対して同様の分析を実施したところ，自分の最初の信念に関する過大評価者の多くが過小評価者に比べ，他者の心的状態にも結果の知識を過剰帰属していたことが示唆された[56]。

これらの結果は，自分の誤信念を結果の知識にもとづいて過大評価した参加者は容易に他者の心的状態も過大評価することを示している。これは幼い子どもが伝統的なスマーティ課題で見せる誤答の傾向と同じだと言える。

6-2. 知ったかぶりは自分の《心の読みすぎ》

本章の実験では，子ども向けスマーティ課題と同じ構造を持った大人向けスマーティ課題を開発した。これによって，大人でも子どもがスマーティ課題で見せるのと同様に，過去の信念を想起する際に結果の知識を重視しすぎるかどうかを検討することができた。本実験で得られた結果は以下の3点にまとめられる。第一に，参加者は結果の知識に沿って最初の信念を歪め，自分が最初に結果を予測できた程度を過剰評価したが，それは誤信念を想起するときにだけ見られ，正信念を想起するときには見られなかった。第二に，参加者は自分が持っている結果の知識を何も知らない他者の心的状態に帰属したが，これは

---

[55] χ^2 検定 ($\chi^2(1) = 0.62$, $p = 0.431$)
[56] χ^2 検定 ($\chi^2(1) = 6.11$, $p = 0.013$)

Birch & Bloom（2007）の結果（あるいは本書の実験1などの結果）を，異なる方法で再現したものである。第三に，結果の知識を自分の誤信念に過剰に帰属した参加者は，結果を知らない他者にも同様に過剰帰属する傾向にあった。つまり，結果を「知ったかぶり」した参加者は，他人も当然結果を知っているだろうと考えてしまったのである。これらの知見は，大人が自分自身の過去の心的状態をどのように思い出すか，他者の心的状態をどのように予測するか，そしてそれらがどのように関連するかについて，新たな理解の仕方を提供してくれるだろう。

スマーティ課題における自分自身の過去の信念の振り返り

本実験では，大人であっても他者の心的状態を理解するときだけでなく，自分の誤信念を想起する際に偏った評価をしてしまうことを実証した。自分が現在知っていることを使って，過去の自分の心を読みすぎた結果だとも言える。記憶エラーおよび過剰に見積もられた確率は両方とも，子どもがスマーティ課題で見せるのと同じように，大人が誤信念を想起し評価するよう求められたときには結果の知識にもとづいて自分の誤信念を歪めてしまうことを意味している（Gopnik & Astington, 1988; Perner et al., 1987）。特に記憶エラーの結果は，参加者が自分の信念と一致しない結果を知ったときに，たった40秒前に考えていた自分の判断を正しく思い出せなくなる可能性があることを示唆している。これは自分の信念が結果の知識に置き換えられてしまったからかもしれない。記憶エラーは実際の箱の中身に対して過剰に見積もられた確率の極端な例だと考えられ，スマーティ課題における子どもの失敗を忠実に再現しているとも言える。記憶エラーに見られるように自分の誤信念を思い出すときに結果の知識による影響を免れなかった参加者もいたが，結果の知識の影響をコントロールすることが

できた参加者のほうが多かった。しかしながら，そのコントロールはたいてい不十分であり，結果の知識を自分の過去の誤信念に帰属する結果になってしまったのが，確率の過剰見積もりとして表れたのだと考えられる。

　スマーティ課題における自分の《心の読みすぎ》反応は，自分や他者の無知な視点を正確に評価しようとするときに自分自身の知識にバイアスされてしまう傾向，すなわち「知識の呪縛」を反映している (Birch & Bloom, 2004; Royzman et al., 2003)。しかしながら，正信念グループでは自分自身の最初の信念に結果の知識を過剰帰属してしまう現象は観察されなかった。この結果は，知識の呪縛の説明に照らし合わせれば，いくぶん奇妙に思われる。というのも，「知識の呪縛説」を厳密に適用するなら，結果の知識は正信念グループの評価，すなわち最初の正しい判断に対する確信を強めるはずだからである。したがって，知識の呪縛が起こらない正信念の想起と知識の呪縛が起こる誤信念の想起との違いを考察すれば，知識の呪縛が生起するためのより詳細な条件がわかるかもしれない。例えば，参加者の大半は記憶エラーを犯さず，最初の信念の想起自体は成功していた。これは結果の知識が単純に最初の誤信念と置き換わったわけではなく，競合していたのだということを意味する。よって，誤信念グループでは，参加者は 2 つの矛盾する情報（自分の最初の信念と実際の結果）を持っていた。しかしながら，正信念グループでは，結果が最初の自分の信念と一致していたため，参加者は最初の信念を考慮するだけでよかった。結果的に，正信念グループの参加者は無関連信念グループの参加者と同じように，自分の最初の信念だけを想起しながら確率を評定すればよかったのである。これらの議論が正しければ，知識の呪縛およびそこから引き起こされる自分の《心の読みすぎ》の生起条件は，現在の知識が過

去の関連情報とは異なっており，なおかつそれらが互いに競合している場合に限られると言えるだろう。

スマーティ課題における他者の心的状態の推測

多くの先行研究が大人は自分自身の知識を他者の心的状態に帰属してしまうことを示している（Birch & Bloom, 2004; Nickerson, 1999）。本書の実験1やBirch & Bloom（2007）は子どもの心の理論課題の改変版を使って，大人であっても相手が知りえない情報にもとづいてその人が行動する確率を過剰評価してしまうことを実証した。本章の大人のスマーティ課題実験では，参加者が自分自身の予想を評価したのと同じパターンで登場人物の心的状態を評価した。つまり，参加者は自分自身の心的状態を何も知らない他者に投影していたと考えられる。この結果はBirch & Bloom（2007）をはじめとする大人の誤信念課題を新たな方法で再現するものであり，本実験のパラダイムの妥当性を示している。

箱の中身が確率評定時に目の前に呈示されているか否かが確率評定に影響を与えた可能性は議論しておかねばならないだろう。本実験の参加者は2ページ目において，本当の箱の中身が視覚的に呈示された状態で自分自身の予想に対する評価を行った。しかし一方で，3ページ目では本当の箱の中身は見えない状態で登場人物の心的状態に対する確率を見積もった。このような2ページ目と3ページ目との相違にもかかわらず，参加者は2ページ目で自分の最初の予測にしたのと同じように，3ページ目でも本当の中身にもとづいて登場人物の心的状態を過剰評価した。箱の中に実際に入っていた物に関する知識は，その知識が実際に評価の間に目の前に呈示されていなかったとき（3ページ目）でさえ，確率評定に大きな影響を及ぼしていたということ

を意味する。このことは，知識の視認性が本実験では決定的な差を生み出していなかったことを示している。

無知な視点に対する知識の過剰帰属における個人差

　スマーティ課題を使った発達研究は，幼い子どもの多くが他者の誤信念を正しく評価するのに失敗するのと同じく，自分自身の誤信念を正しく想起するのに失敗してしまうことを示してきた (Gopnik & Astington, 1988; Wellman et al., 2001)。本実験は，大人でも伝統的な心の理論課題の中で，自分と他者の誤信念の評価に関して同じような失敗を犯すかどうかを検討した初めての研究である。実験の結果，自分自身の最初の誤信念を出来事の結果にもとづいて過大評価した参加者（すなわち，"知ったかぶり"をした参加者）は他者の心的状態も同様に過大評価する傾向にあったが，これは子どもの発達研究の知見と一致するところである。

　子どもと大人のこの一致は確かに新しい発見だが，本実験には方法論上の重大な問題がある。それは課題の順序である。観察された個人差は参加者が自分自身の信念を評価した後で他者の心的状態を評価したという課題の順序構造が原因だった可能性も完全には否定できない。この問題を解決するには，自他の2つの評価を別々の心の理論課題において行う必要がある。例えば，本実験で開発したスマーティ課題と一緒に，他者の心的状態の評価を必要とする別の心の理論課題（例えば，実験1で用いた大人版予期せぬ移動課題）を同一の大人の参加者グループに実施する必要があるだろう。

　それにもかかわらず，過剰評価傾向が誤信念グループにのみ観察された理由を考察するのは重要である。なぜなら，それは結果の知識が必ずしも無知な視点の過剰評価を引き起こすわけではないということ

を示唆しているからである。すでに議論したように，誤信念グループの参加者は2つの異なる情報（自分の最初の信念と実際の結果）を同時に操作する必要があった。一方で，正信念グループの参加者は1つの情報（自分の最初の信念）だけを操作すればよかった。したがって，誤信念グループの参加者は正信念グループの参加者よりも操作すべき情報量が多いため，重いワーキングメモリ負荷を課されていた状態だったと考えられるかもしれない。もしそうなら，誤信念グループでワーキングメモリ容量の低い参加者は，自他の視点を評価する際に，自身の最初の信念を十分に活性化することができなかった可能性も考えられる。Lin, Keysar, & Epley (2010) はワーキングメモリ容量の高い人はワーキングメモリ容量の低い人よりも，他者の視点に立つことが必要なコミュニケーション課題（課題の詳細は，第2章の図4を参照）において課題成績が良好だということを示した。しかしながら，大人におけるワーキングメモリ容量の個人差が，自分の信念の想起に対して結果の知識が与える影響を予測するかどうかは調べられたことがない。それを調べるためにも，子どもを対象とした発達研究で行われてきたように（Carlosn & Moses, 2001; Naito, 2003），将来的には，大人を対象としてさらに多くの心の理論課題と記憶課題を同一研究内で実施する試みが必要である。

　現在の自分の知識を他人に過剰帰属することによって他人の《心の読みすぎ》が生じているなら，知ったかぶりは現在の自分の知識を過去の自分に過剰帰属しているので，自分の《心の読みすぎ》だと言えるだろう。知ったかぶりをしやすい人ほど他人の心を読みすぎてしまうという本実験の結果は，知ったかぶりと《心の読みすぎ》が共通の認知的メカニズムから生じていることを示すものかもしれない。

第 7 章

脳と社会に潜む《心の読みすぎ》

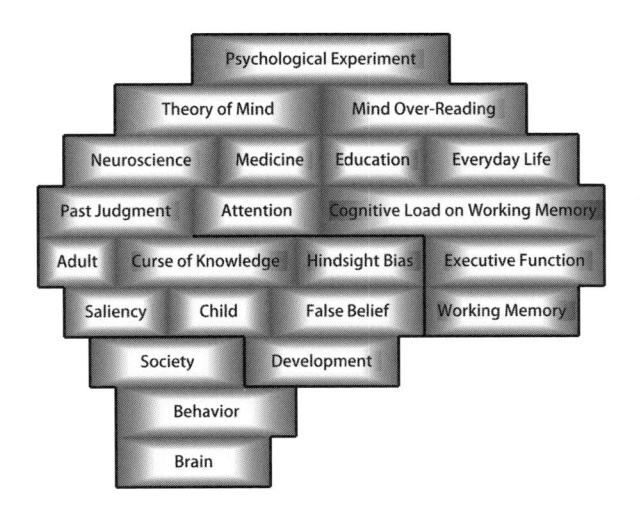

《心の読みすぎ》は私たちの脳のどこで生まれ，
　　　私たちの生活のどんな場面で問題となるのか？

第 7 章　脳と社会に潜む《心の読みすぎ》

7-1．本書の研究によってわかったこと

　本書に紹介した 6 つの心理学実験の目的は，大人がどのような状況のときに他者の心を読みすぎるのか（あるいは読みすぎないのか）を実証的に検討することであった。特にワーキングメモリに焦点を当てた実験を行い，大人が心の理論を使うときのワーキングメモリの役割に関する考察を深めた。一連の実験を通して明らかになった知見は以下の 7 点にまとめられる。

　(1) 実験 1：大人は自分の知識を相手も共有しているかのように考えてしまうが，そのような自分の知識の相手への過剰帰属，すなわち《心の読みすぎ》は，その知識が常識的な範囲にあるときにのみ起こりうることが実証された。自然な（妥当な）知識はワーキングメモリ内で本質的に利用可能性の高い情報だということが考えられる。とても相手が知りえないような事実や，それを知っていても相手の行動は影響を受けないだろう情報にもとづいて相手の心的状態や行動を過剰評価することはない。

　(2) 実験 2・3：状況を何度も確認したり，慎重に吟味することによって，《心の読みすぎ》を回避できることが実証された。状況に含まれるさまざまな情報を注意深く処理することによって，ワーキングメモリ内で相対的に利用可能性の低い「相手の無知」に関する情報の利用可能性が高まり，それが相手の心的状態の推測評価時に使えるようになるからだと考えられる。

（3）実験2・3：状況を注意深く処理することによって《心の読みすぎ》を回避できるときでも，ワーキングメモリに重い認知的負荷が課されると《心の読みすぎ》が生起してしまうことが実証された。ワーキングメモリ上で余計な情報に注意を当てて活性化し続けなければならないとき，相対的に利用可能性の低い「相手の無知」に関する情報は注意を向けられなくなり，相対的に利用可能性の高い「現在の事実」に関する情報が相手の心的状態の推測に優先的に使われてしまう。つまり，ワーキングメモリは，《心の読みすぎ》をコントロールする際に重要な働きをすることが示唆されたと言える。

（4）実験4：現在の事実に関する情報がワーキングメモリ内でそれほど鮮明でないときには《心の読みすぎ》は起こらないことが示された。これは状況の理解の最中にワーキングメモリに過剰な認知的負荷が課せられると，状況から注意が逸れて現在の事実に関する鮮明な情報が形成されなくなるためだと考えられる。逆に言うと，現在の事実に関する明確な情報の痕跡がワーキングメモリに形成されることが，他者の心的状態の過剰推測を引き起こすための必要条件なのだと言える。

（5）実験5：状況の中に目立つ刺激があると，それを相手の心的状態や行動の原因に帰属して《心の読みすぎ》が起こってしまうことが実証された。視覚的に顕著な情報はワーキングメモリ上で利用可能性が高くなるので，相手の心的状態の推測に優先的に使用されてしまうのだと考えられる。

（6）実験6：大人は過去の自分自身が行った予測を評価するときに，

結果をその時点では知りえなかったにもかかわらず，その特定の結果を予測できていた程度を過剰に見積もってしまうが，それは最初の予測が誤っているときにのみ起こることが実証された。これは「最初から知ってたよ」という，いわゆる知ったかぶりであり，大人はつい少し前の自分の判断でさえ，結果の知識によって歪めて思い出してしまうことが確認できた。

(7) 実験6：知ったかぶりをしやすい人は，他人も結果を知っているかのような評価をしやすい，すなわち他人の心を読みすぎてしまうことが実証された。知ったかぶりと《心の読みすぎ》の認知的メカニズムは多くの部分が共通しているのだろう。

　一連の実験結果から，認知面ではワーキングメモリの疲弊や容量オーバー，環境面では視覚的に目立つ刺激，そして性格面では知ったかぶりをしやすい傾向が，「自分の心＝他人の心」という判断にもとづいた《心の読みすぎ》を誘発してしまうことが明らかになったと言える。
　以下では，本書での発見を踏まえて今後必要とされるであろう研究の方向性を論じるとともに，《心の読みすぎ》が私たちの日常生活のさまざまな場面にどのようなかたちで立ち現れるかを詳しく議論して本稿の締めくくりとする。

7-2. 心を読む脳が心を読みすぎるとき

心を読む能力に固有の認知機能？

　本書では，成熟した心の理論を有していると考えられる大学生を対象とした実験を行った。そして，物語の登場人物の心的状態を推測するときにワーキングメモリが重要な役割を担っていることを実証した。しかしながら，ワーキングメモリや実行機能だけでは心を読む能力の全体像を到底説明できない。心を読む能力の個人差は，ワーキングメモリや実行機能といった領域一般的情報処理システムの能力の個人差だけでなく，心に対する比較的生得的な興味関心の個人差も関与しているからである。

　心を読む能力のモジュール的（領域固有的）構成要素を考えるには，ワーキングメモリや実行機能が急激に発達し始める3歳より以前の乳幼児が人の心に対してどのように興味関心を示すかを観察し，それが成長後の心を読む能力にどのような影響を及ぼすかを検討するのが有効だと考えられる。ワーキングメモリや実行機能が発達し始めた後だと，心を読む能力におけるそれらの影響を除外して考えることが難しくなるからである。Wellman, Lopez-Duran, LaBounty, & Hamilton (2008) は，子どもの11カ月時の意図的行為に対する関心が，その後の4歳3カ月時点での誤信念課題の成績を予測することを発見した。さらに，その関係は言語能力，知能指数，実行機能課題成績を統制したときにも残存することが示された。また，Kristen, Sodian, Thoermer, & Perst (2011) は，9カ月児が大人の指差した対象へ注意を払うか否か，

すなわち他人の指示する対象への興味関心の程度を観察し，それが2歳や3歳での心的状態語の使用語彙数を予測することを示した。

　これらの発見は乳児期から幼児期にかけての社会的認知能力の連続性を示唆するとともに，エージェントの意図的行動あるいは心に対する生得的な興味関心の強さが，成長してからの心を読む能力を予測する証拠だと解釈できるかもしれない。つまり，高度な心の理論を獲得するための基盤となる認知的モジュールは生得的に備わっており，その個人差は他者の心に対する興味関心の強さ，ひいては他者の心を知りたいという動機づけの強さとして表現されている可能性がある。バイオロジカル・モーションへの感受性（Frith & Frith, 2003），対象への生物性や生命性の知覚しやすさ（Scholl & Tremoulet, 2000），そして他者との親和欲求の強さ（Epley, Waytz, & Cacioppo, 2007）などの個人差も，一般的な情報処理能力とは独立して心を読む能力に影響している可能性が高い。

　しかし，心を読む能力の領域一般的側面とモジュール的側面の両方に同時に注目した研究はほとんどないと言える。また，心を読む能力と一概に言っても，物理的な空間的視点取得なのか，認知的な心的状態の推論なのか，それとも情動状態の推測なのかによって，異なる認知能力が異なる過程で関与しているかもしれない。共分散構造分析などを用いた大規模な個人差研究によって，領域一般的情報処理能力とその他の認知能力がそれぞれどの程度，どんな種類の心を読む能力に寄与しているかを体系的に調べる研究が行われるべきだろう。

心を読む能力を実現する脳部位

　心を読む能力とワーキングメモリとの関連を精査するうえで，生涯

発達と脳機能の変化を観察することも重要だと思われる。子どもから若年成人にかけての能力の成熟だけではなく，成人から高齢者にかけての変化を観察することによって，他者の心を読む能力を左右する重要な制御的認知機能とその脳部位を特定する手がかりが得られるだろう。加齢によってワーキングメモリの機能が低下すると，《心の読みすぎ》が増加する可能性があるかもしれない。実際に加齢とともに心の理論を含む文章の理解や解答速度が低下するというのは（German & Hehman, 2006; Maylor et al., 2002; McKinnon & Moscovitch, 2007），《心の読みすぎ》の影響が大きくなるからかもしれない。もしそうならば，ワーキングメモリを含む制御的認知機能のトレーニングが高齢者の社会的スキルの改善に役立つかもしれず，そのときには脳機能研究は重要な生理学的根拠を提供することになる。なぜなら，もしワーキングメモリや実行機能のトレーニングによって心の理論を含めた社会的スキルが改善したとき，その効果が本当にワーキングメモリや実行機能の向上と関連しているのかを調べるためには，心の理論に関連する脳部位だけではなく，ワーキングメモリや実行機能に関連する脳部位の活動が上昇していることを確認せねばならないからだ。

　心を読む能力の発揮に比較的特化したモジュール的認知システムと，ワーキングメモリや実行機能のような領域一般的な認知情報処理システムを合わせた，相手の心を理解する一連の認知プロセスの全体像を捉えようとする際に，神経心理学研究や脳画像研究の知見は非常に有用だと思われる。心を読む能力あるいは心の理論に関わる脳部位の特定や神経学的モデルの構築は脳神経心理学研究において最も多く扱われているテーマのひとつである（Abu-Akel, 2003; Apperly, Samson, & Humphreys, 2005; Frith & Frith, 2003; Van Overwalle, 2009）。心的状態の推論に関連が深いとされる脳領域としては，身体全体の動きや目標志向

的な手の動きといったバイオロジカル・モーションに選択的に反応し，生物と非生物の動きを弁別する上側頭溝（STS: superior temporal sulcus；例えば，Allison, Puce, & McCarthy, 2000; Decety & Grezes, 1999; Puce & Perrett, 2003），自分や他者の目標や意図の表象，あるいは自分と他者の視点の切り替えに関与している側頭頭頂連合（TPJ: temporo-parietal junction；例えば，Gallagher et al., 2000; Samson, Apperly, Chiavarino, & Humphreys, 2004; Saxe & Wexler, 2005），そして前頭前野皮質（PFC: prefrontal cortex；例えば，Fletcher et al., 1995; Siegal & Varley, 2002; Stuss, Gallup, & Alexander, 2001）が挙げられる。以下では，ワーキングメモリとも深く関連する前頭葉の脳機能が心を読む能力にどのように関与しているかをもう少し詳しく見てゆきたい。

前頭葉皮質の各部位と心を読む能力

心の理論課題に取り組んでいる最中には，前頭葉皮質の中でも特に内側前頭前野皮質（MPFC: medial prefrontal cortex）が安定して活動すると言われている（Van Overwalle, 2009）。内側前頭前野皮質は，エピソード記憶の検索（MacLeod et al., 1998; Nyberg et al., 1996; Ranganath, Johnson, & D'Esposito, 2003），自分や他者に関連する情報の表象（D'Argembeau et al., 2007; Gilbert et al., 2006; Heatherton et al., 2006; Mitchell, 2009），あるいはもっと広い意味での社会的出来事の処理と統合（Amodio & Frith, 2006; Gallagher & Frith, 2003; Kurueger, Barbey, & Grafman, 2009）に関与していると言われている。しかしながら，内側前頭前野皮質はワーキングメモリや実行機能の中心的な役割を担う脳部位ではなく，あくまで自分や他者に関連する情報を表現するための中核となる脳部位だと考えられる。

下前頭皮質（IFC: inferior frontal cortex）は反応の抑制を行うことによって，心の理論課題の解決に貢献するという見解もある。Samson, Apperly, Kathirgamanathan, & Humphreys（2005）は脳卒中によって右の下前頭皮質を損傷した脳損傷患者が，物体の移動後の位置が特定できないよう工夫された，事前知識の抑制を必要としない予期せぬ移動課題（登場人物が物を隠している場面がビデオカメラに写らないようになっていたが，移動後に隠した位置，すなわち間違った位置の手がかりが与えられる）には通過するが，通常の予期せぬ移動課題には通過できず，物理的視点取得と情動的視点取得の両課題に対しても自己中心的間違いを連続してしまうという事例を紹介した。この事例は，右下前頭皮質が他者の心的状態の推測における物理的・認知的・情動的自己視点の抑制全般に関与していることを支持する証拠だと言える。

　下前頭皮質は自己視点（あるいは自分の知識）の抑制を含む優勢表象の抑制一般に関与している脳部位のひとつだと思われる。しかしながら，抑制機能課題を解決するには抑制機能以外の認知機能，したがって下前頭皮質以外の脳部位も関与していることを忘れてはならない。Aron, Robbins, & Poldrack（2004）は抑制機能に関する脳神経関連の研究をレビューし，抑制機能課題の遂行中に活動する複数の脳部位はひとつの抑制機能課題を遂行する際に，それぞれ異なる認知的役割を果たしている可能性があることを論じた。抑制能力が要求される認知課題に対して活性化する全ての脳領域が認知的抑制に関わっている必然性はなく，課題で要求される抑制以外の認知的処理に関与していてもおかしくない（Duncan & Owen, 2000）。Aron et al.（2004）は各脳部位の活動する状況を個別に検討している神経心理学研究を踏まえて，例えば，左外側前頭前野皮質が目標に関する認知セットの保持を（Garavan, Ross, Murphy, Roche, & Stein, 2002），前部帯状回皮質が目標とは無関連

な知覚刺激や認知セットの検出・応答系からの切り離しを（Gehring & Knight, 2000），そして右下前頭皮質がそのような無関連表象の実際の抑制をそれぞれ分担している可能性を提案した。つまり，Go/No-Go課題のような認知的抑制機能課題であれ，心の理論課題であれ，抑制機能が必要だとみなされている課題の解決には，最終的な優勢反応の抑制以外にも，目標の保持と想起や無関連情報の弁別などいくつかの認知的処理が異なる脳部位でほぼ同時的に進行していることが考えられる。実験的操作による脳の活動の変化がどの認知的処理過程を反映した結果なのかを慎重に吟味することは，心を読む能力のような複雑な能力の脳機能研究において非常に大切な留意事項である。

　ワーキングメモリに関する神経心理学研究・脳機能画像研究は，前頭葉の中でも背外側前頭前野皮質（DLPFC: dorsolateral prefrontal cortex）が記憶表象の活性保持に関して特に重要な役割を担うことを示してきた（Braver et al., 1997; Curtis & D'Esposito, 2003; 苧阪，2008）。その背外側前頭前野皮質もまた，心を読む能力に対して重要な役割を果たしていることを示す研究がいくつも報告されている。Stone, Baron-Cohen, & Knight（1998）は，脳損傷患者に対してワーキングメモリ負荷の高い誤信念課題とワーキングメモリ負荷の低い誤信念課題を実施したところ，背外側前頭前野皮質を損傷した患者はワーキングメモリ負荷の高い誤信念課題の成績が低下するが，眼窩前頭皮質（OFC: orbitofrontal cortex）を損傷した患者ではワーキングメモリ負荷が高い課題でも誤信念課題の成績は低下しないことを示した。Vogeley et al.（2001）はfMRIを使って，物語の登場人物の心的状態を推測しているときと自分の心的状態に注意を払っているときの脳活動を調べた。その結果，登場人物の心的状態を推測しているときには自分の心的状態に注意を払っているときに比べて，右の前部帯状回皮質（ACC: anterior cingulate cortex) の他に，右の前頭極 (frontal pole)，そして左の背外側前頭前野皮質の強い活性を見出した。Otsuka, Osaka, Yaoi, & Osaka (2011) のfMRI 研究でも，自分視点の文章よりも他者の心的状態を含む文章を読んでいるときのほうが，左の背外側前頭前野皮質がより強く活性することが報告されている。また，Costa, Torriero, Oliveri, & Caltagirone (2008) は，健常成人を対象とした実験で，TMS (transcranial magnetic stimulation；経頭蓋磁気刺激）によって背外側前頭前野皮質を刺激し，その脳機能に一時的な干渉を引き起こしたところ，誤信念課題に対する反応時間が有意に遅くなることを示した。さらに，物語の登場人物が知らずに相手に対して失言をしてしまったときの登場人物たちの心的状態の説明が求められる課題 (faux pas 課題) の最中に，TMS によって左右の背外側前頭前野皮質へ干渉を引き起こすと，課題の正答率が低下した。これらの知見からもわかるように，ワーキングメモリの脳内基盤は他者の心を読む能力にも深く関与している。背外側前頭前野皮質は課題状況中のさまざまな情報を保持し，適切に活性化して利用可能な状態にする役割を担うため，複雑な状況における他者の心的状態の推論において特に必要とされる脳部位だと考えられる。

心を読む脳の2つのプロセス

　以上の議論を踏まえると，心を読む脳のメカニズムは2段階の全く異なるプロセスに大別できるかもしれない。ひとつは，相手に心を知覚して，自分の視点を相手の視点に切り替え，その心の状態を情報として脳の中に表現するための，上側頭溝 (STS)，側頭頭頂連合 (TPJ)，および内側前頭前野皮質 (MPFC) である。もうひとつは，一般的な情報の処理を司る脳部位であり，相手の心の状態も含めた状況中のさま

ざまな情報を操作することによって，相手の心のより正確な状態を評価・判断するための，背外側前頭前野皮質（DLPFC）と下前頭皮質（IFC）である（図24）。

　背外側前頭前野皮質が状況中のさまざまな情報を活性化し，下前頭皮質が自分の知識にもとづいた反応の抑制を行うことによって《心の読みすぎ》を回避する，という脳内メカニズムが想定される。本書は，心を読む能力を発揮する際の背外側前頭前野皮質の役割を心理学実験によって明らかにしてきたと言える。背外側前頭前野皮質における自分の知識（予期せぬ移動課題では「物体はあの箱に入っている」という事実）の活性の程度が他の情報（「相手は事実を知らない」）に比べて相対的に高いときには，それだけ自分の知識の影響が増大し，自分の知識にもとづいた優勢な反応の抑制が下前頭皮質において難しくなってしまうのだろう。そして抑制しきれなかった知識の影響が，《心の読みすぎ》として表現されるのだと考えられる。

心を読む能力の生涯発達

　心を読む能力の行動的側面の発達的変化だけでなく，関連脳部位の発達と加齢に伴う機能的変化も同時に追いかける研究が今後重要性を増すと思われる。しかし，心を読む能力の生涯発達を連続的に記述することは非常に難しい。第2章でも指摘したように，子どもを対象とした研究と大人を対象とした研究との間に方法上の大きな乖離が存在していたからである。子どもを対象とした研究では基本的に誤信念課題を用い，そこから得られた行動データを分析することによって心の理論の獲得と発達の軌跡を記述する研究が主流であった（子安・木下, 1997; Wellman et al., 2001）。一方で，高齢者を含む成人を対象とした研

究では，比較的複雑な社会的場面を描いた文章や漫画を用いて，登場人物の心的状態を推測している最中の脳機能を fMRI によって測定する研究が盛んに行われてきた (Saxe et al., 2004; Van Overwalle, 2009)。ワーキングメモリについても同じように，子どもと大人の研究の間に課題あるいは方法における乖離が存在する。全く同じ課題である必要はないのだが，共通の課題構造を有し，同一の認知機能を測っていることが確認された妥当性の高い課題を開発することも今後の研究で精力的に行っていく必要がある。

しかしながら，子どもと大人に対して共通の心の理論関連の課題を実施し，子どもから大人にかけての心を読む能力には線形的な発達的連続性が存在することを示す研究も増えてきた (例えば，Bernstein, Atance, Loftus, & Meltzoff, 2004; Epley, Morewedge, & Keysar, 2004)。さらに近年になって，心を読む能力の脳部位が子どもから大人にかけてどのように発達変化するかということに関する研究も行われるようになってきた。例えば，Dosch, Loenneker, Bucher, Martin, & Klaver (2010) は，子ども（平均年齢 10 歳）と大人（平均年齢 29 歳）に，余暇活動に関する文（例えば，「友人の誕生日会に行く」「本を読む」）を呈示し，それを自分あるいは架空の人物（他者）がどの程度好むかということを評定させたときの脳活動を fMRI によって計測した。その結果，他者の好みを推測したときに，子どもは大人よりも左の背外側前頭前野皮質の活動が強くなることがわかった。子どもは大人よりも他者とのやり取りを通じた社会的経験や社会的知識が少なく，（ある程度自動的に）他者の好みを推測することが難しいのかもしれない。そこで，子どもは他者視点に立って考えるときにさまざまな情報を能動的に活性化させる必要があったので，大人よりもワーキングメモリの重要性が高かった可能性が考えられる。また，Kobayashi, Glover, & Temple (2007) の

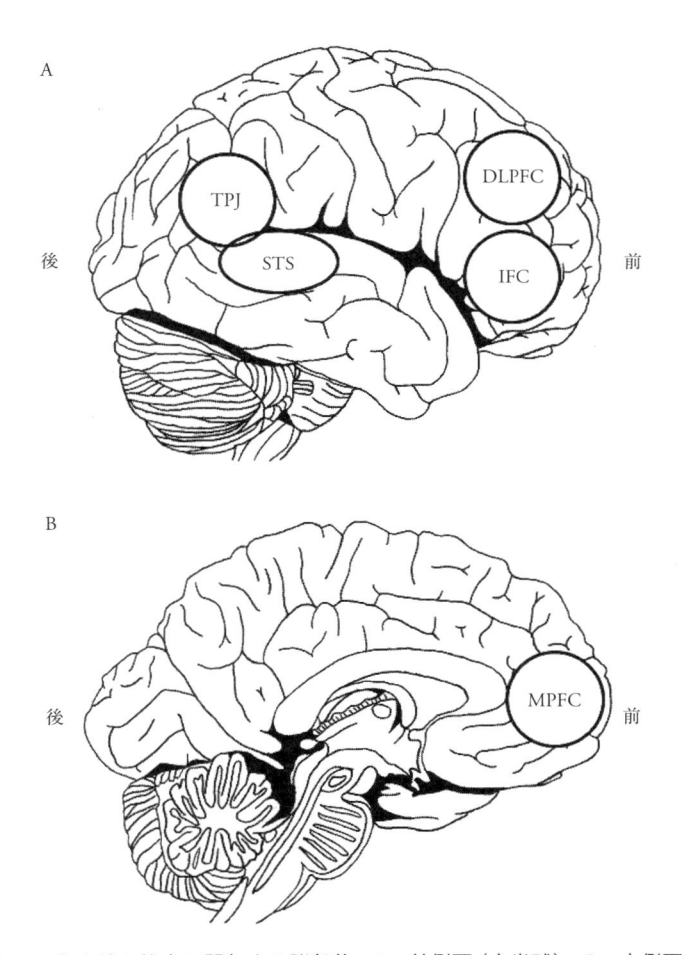

図 24. 心を読む能力に関与する脳部位。A：外側面（右半球），B：内側面（正中線）。STS で相手に心を感じ取り，TPJ で相手の視点に注意を切り替え，MPFC で相手の心的状態を情報として処理できるよう表現している。そして，その情報を DLPFC（ワーキングメモリにとって最重要の脳部位）で活性化したり，それにもとづいた反応を IFC で抑制したりするというモデルが考えられる。

fMRI 研究では，子どもが 2 次の誤信念物語の理解を要する漫画を読んでいるときには，大人よりも左の下前頭皮質の活性が強くなることを示した。下前頭皮質が抑制機能を担っていると考えるならば，子どもが他者の心的状態を推測するときには，大人よりも抑制機能に大きく依存している可能性を示唆するものかもしれない。

　子どもと大人の両方を対象とした脳機能研究は，他人の心を読むときには，子どものほうが大人よりもワーキングメモリと実行機能に依存する度合いが強いことを示唆している。私たちは成長するにつれてさまざまな人とのやり取りを通じ，人の心に関する知識を増やしてゆく。そうして帰納的に形成された高度な「心の理論」を使用することによって，大人は人の心を読むときにワーキングメモリや実行機能に依存する程度を低減させているのかもしれない。しかし，本書の研究でも見てきたように，大人でもワーキングメモリが健全に機能しないと「他人の心＝自分の心」だというふうに心を読みすぎてしまう。他人の心を読むときに大人は子どもよりもワーキングメモリに依存する程度が低いからといって，ワーキングメモリを全く必要としないわけではない。

　ここまでは少し専門的な話になってしまったかもしれないが，以下では《心の読みすぎ》が私たちの日常生活，教育現場，そして医療現場において実際にどのような危険性を秘めているかを議論していこうと思う。

7-3. 日常生活に潜む危険な心の読みすぎ

社会生活における《心の読みすぎ》

　本書の冒頭「はじめに」でも論じたように，私たちは日常生活を送る中で自分の知っていることや考えていることを相手も共有していると勘違いしてしまい，人間関係上のトラブルを引き起こしてしまうことが多々ある。私たちがいかに容易に「自分の心＝相手の心」と考えてしまうかは本書の実験が示したとおりである。私たちもじっくりと時間をかけて状況を把握しようと努めることができれば「自分の心＝相手の心」という心の読みすぎ行為は回避できる。しかしながら，他に考えることが多すぎたり，過度に疲れていたりすることによってワーキングメモリの機能が一時的に低下した状態では，状況を慎重に吟味しても「自分の心＝相手の心」は回避できない。また，通常なら自分の知識が「自分の心＝相手の心」を引き起こさないときでも，自分の知識が目立つ情報と関連していれば，それが相手の心的状態や行動に影響するだろうと判断してしまい，「自分の心＝相手の心」が生じてしまう。また，知ったかぶりをしやすい人は「自分の心＝相手の心」と考えやすく，性格に起因する部分も確かにあるように思われる。

　日常生活において，《心の読みすぎ》は抑うつや社会不安の引き金となりうる。Gilovich, Medvec, & Savitsky（2000）の実験では，実験参加者は有名人の顔がプリントされたTシャツを着て学生が質問紙に答えている教室に入るよう言われた。その教室を出た後，参加者は教室にいた何人の人がTシャツの有名人に気づいたか尋ねられたが，

その人数を過大評価する傾向が見られた。人は自分の外見や行動が他人に認知されている程度を過大評価する傾向があり，この現象はスポットライト効果（spotlight effect）と言われている。同じように，人は自分の意図や思考といった内的状態を実際よりも他人に正しく見抜かれているという信念を持っており，これは透明性の錯覚と呼ばれている（Gilovich, Savitsky, & Medvec, 1998）。つまり自分の外見や行動，性格といった特性は思った以上に他人は気にしていないのに，それらに対する自分の強い思い込みと反復した想起をコントロールできないと，他人の自分への評価を過剰に気にするあまり，他人に自分の内的状態が漏れているような感覚が湧き起こり，社会不安や絶え間ない後悔を誘発する恐れがある。これは自分の外見・行動・性格に関する「知識の呪縛」を適切にコントロールできず，その知識を他人に過剰帰属して「他者の心を読みすぎてしまった」結果だと解釈できるのではないだろうか。したがって，《心の読みすぎ》のメカニズムの解明と克服方法が発見されれば，抑うつや社会不安といった心理的困難の軽減に応用されることもあるかもしれない。

　《心の読みすぎ》を回避するためには，ワーキングメモリの機能低下を回避することがまず第一に重要だと考えられる。そのためには，日頃からストレスや不安を溜めずに，休養と睡眠を十分にとることが大切である。睡眠不足は著しいワーキングメモリの低下を招くし（Durmer & Dinges, 2005），強いストレスに長期間曝されるとワーキングメモリは慢性的に低下した状態になってしまう（Jha, Stanley, Kiyonaga, Wong, & Gelfand, 2010）。それだけでなく，私たちは自分が他人より弱い立場にあると感じたり（Smith, Jostmann, Galinsky, & van Dijk, 2008），あるいは相手に格好良く見られたいと意識するだけで（Karremans, Verwijmeren, Pronk, & Reitsma, 2009），容易にワーキングメモ

リの一時的低下に見舞われてしまう。また，自分のワーキングメモリの低下だけでなく，環境中の目立つ情報や生来の性格によって《心の読みすぎ》が引き起こされてしまう可能性も見てきた。環境や性格には対策の立てようがないようにも思える。

　それでは，「自分の心＝相手の心」を引き起こすさまざまな要因に共通して有効な対策はあるのだろうか。現時点での最も有効な対策——それは非常に地道な努力を要する解決策だが——まず最初に《心の読みすぎ》という現象を認識すること，続いて相手の視点に立って状況を見極めるために「立ち止まって考える」ことに尽きるのではないかと思われる。「自分の考えを相手も共有している」という感覚はワーキングメモリの機能低下，およびその他の内的・外的要因が引き起こす幻想だと言える。そのことを常に意識できれば，心を読みすぎる程度も低減するのではないだろうか。実際に，上述した「透明性の錯覚」が起こりうることを意識しておくと，スピーチ不安が減少して人前でのスピーチのパフォーマンスが向上する可能性が示唆されている（Savitsky & Gilovich, 2003）。私たちは，「自分の心＝相手の心」という状態には容易に陥ってしまうが，それが間違った状態だと知っていれば，「なんで相手は知らなかったんだ」とか「なんで自分の考えを理解してくれていないんだ」と憤りに駆られる頻度や，自分の心が相手に見透かされているのではないかと不安に駆られる頻度は確実に少なくなり，落ち着いて相手の視点に立つことができるのではないだろうか。

教育現場での《心の読みすぎ》

　本研究から得られた知見は教育現場でも注意深く考慮されるべきで

ある。教師は児童・生徒よりもはるかに多くの知識を持っているにもかかわらず，自分の知識を子どもたちも持っていると思い込んでしまうことも考えられる。「子どもたちでも，これぐらいのことは知っているだろう / 理解できるだろう」という思い込みによって，授業での教え方が丁寧さを欠いてしまい，子どもたちの授業理解度ひいては学力を低下させてしまう危険性がある。したがって，教師は子どもの視点に立って授業を行わなければならない。子どもの視点に立つには，やはり「自分の知識 ≠ 子どもの知識」ということをいつも心にとどめておく必要がある。しかし，「自分の知識 ≠ 子どもの知識」を意識しながら行動するのは相当な認知的コストが必要なため，小テストなどによる理解度の評価を定期的に設定しておいて，それを子どもたちの知識量や理解度と自分の期待している知識量や理解度との差異を立ち止まって考える機会にすることも有効である。

　実際に，教師が授業中に児童に対して，教科書やノートを開き，鉛筆や定規を筆箱から取り出し，板書を取るよう指示を出すときに，一度の指示の数が多すぎたり，指示のスピードが速すぎたりすると児童は授業内容の理解に入る前の，「準備段階」でつまづいてしまう可能性があることも報告されている (Gathercole & Alloway, 2008)。Gathercole, Durling, Evans, Jeffcock, & Stone (2008) は教室場面で子どもが先生の指示に従って行動する場面を再現した課題を開発し，5〜6歳の子どもに実施した。机の上に複数の文房具（例：定規・ファイル・消しゴム・箱・鉛筆）が，複数の色（例：黒・青・黄・赤）で用意されており，実験者が子どもに指示を与えて（例：「黄色の鉛筆に触って，それから，青色の定規を赤色のファイルの中に入れてください」），その通りに行動できるかどうかが，正しく行動に移せた指示中の文房具の個数によって得点化された。その結果，数字逆唱課題で測定されたワー

キングメモリ容量が指示課題の得点と有意に高い相関を示した。つまり，ワーキングメモリ容量の低い子どもは先生が指示を一度にたくさん出してもついていけないのである。ワーキングメモリ容量の低い子どもが指示についてこられるようにするには，教師は細切れにした短い指示を，自分が思っているよりもゆっくりと子どもたちに伝える必要がある。これは，教師が「自分の能力＝子どもの能力」だと思い込んでいる限り，到底実行に移すことはできないだろう。

　大人と子どもとの知識量や経験量の差はきわめて大きいが，大人はそれをしばしば忘れて「自分の知識＝子どもの知識」だと思い込んでしまう。それは学校だけではなく，家庭における育児場面でも見られる現象だと言える。父親や母親が自分の子どもは自分と同じように考えていると思ってしまうと，子どもが自分の思い通りに行動しなかったときに苛立ちを感じてしまうことがあるかもしれない。その苛立ちの積み重ねが親の慢性的な育児ストレスにつながるかもしれないし，親のストレスは子どもに対しての過剰な叱りつけなどの望ましくない対応となって表れ，子どもが要らぬストレスに曝されるという良くない結果につながる可能性も否定できない。また，大人のほうが子どもよりも経験に裏付けられた「常識」を重要視し，状況だけでは判断できないような他人の心的状態でも，「ふつうなら……」と考える傾向が強いとも言われている（Mitchell, Robinson, Isaacs, & Nye, 1996）。大人は子どもと接するときには特に，相手との知識や経験の差異を意識し，《心の読みすぎ》に注意しなければならないと言える。

医療現場での心の読みすぎ

　《心の読みすぎ》の根底にある知識の呪縛は，医師の誤診や誤った

患者管理など，非常に危険な結果につながる可能性はさまざまなかたちで指摘されている（Bornstein & Emler, 2001; Dawson, 1993）。ある研究では，外科医が症例を読んで，4つの病気の選択肢のそれぞれに確率を見積もるよう要求したところ，選択肢中の特定の1つが正しい病気だと言われた医者は，たとえその病気の可能性が本来はかなり低くても，それが実際に正しい病気だという確率を高く見積もる場合があった（Arkes, Saville, Wortmann, & Harkness, 1981）。また，看護師も医療上の意思決定の際，知識の呪縛に影響されることがあり，それは経験の豊富さだけで十分に回避できることではないと指摘されている（Thompson, 2003）。看護師は医師の暫定的な診断を信じて，たとえ可能性が低いと考えられる病気でも，患者がその病気である確率を高く見積もってしまう傾向があることも示唆されている（Jones, 1995）。

　心の読みすぎは，人と人とが関わり合うあらゆる場面において一般的に見られる現象だが，医療現場ではそれが人命に関わる深刻な事態を引き起こす危険性を孕んでいる。教師と生徒との関係と同じように，医師と患者との関係において，病気のメカニズムと治療法に関する知識は医師のほうが患者よりも圧倒的に多い。したがって，医師が「自分の知識＝患者の知識」と考えてしまうと，患者が病気や治療に関する知識を十分に持っていると過信してしまうかもしれない。そうなると，医師が患者に治療上の大切な事項を言わなかったり，患者が治療に際して気をつけている生活習慣や行動を過剰に高く評価してしまい，適切な指導を欠いてしまうことも考えられる。医療関係者が「患者もこれぐらい知っているだろう」と心を読みすぎてしまっては，不十分なコミュニケーションを招いて患者との信頼関係を損なうばかりか，実際に不適切な処置を施してしまう原因ともなりうるので非常に危険である。また，患者と医療従事者との間だけでなく，医師と看護

第7章　脳と社会に潜む《心の読みすぎ》

師ら現場スタッフどうしの《心の読みすぎ》にも気をつけなければならない。もし「自分の心＝相手の心」に思考が支配されて，「あの人はこれぐらい知っているだろう」と考えてしまったら，重大な連絡ミスが起こってしまう。医療現場での労働はハードワークであり，疲労の蓄積がワーキングメモリの一時的な機能低下を招く可能性もきわめて高いと考えられる。だからこそ，医療現場でのコミュニケーションにおける《心の読みすぎ》の危険性は，医療・看護教育において必ず言及されるべきトピックである。

人の心を読みすぎないために

　私たちはいつでも簡単に相手の心がわかった気になる。しかし，それが自分の心の不適切な投影にすぎないことにはなかなか気がつかない。本書ではさまざまな情報を一時的に利用可能な状態に維持しておく短期的記憶システムであるワーキングメモリが，過度の「自分の心＝相手の心」という思い込み《心の読みすぎ》を防止している可能性を示した。しかしながら，どうすればワーキングメモリを強化できるのか，そしてワーキングメモリを強化できたところで，《心の読みすぎ》が本当に減少するのかどうかはわからない。実際に適切な認知的トレーニングによってワーキングメモリ容量を増やすことが可能だったとしても (Klingberg, 2010)，《心の読みすぎ》を誘発する要因は他にもあるし，ワーキングメモリが容易に一時的機能低下の危険にさらされるのは先述したとおりである。

　それでは，《心の読みすぎ》対策として，私たちには何ができるのか。以上に見てきたような事態を回避するためにも，私たちは何よりもまず，不適切なほど自分の心を相手に帰属してしまう《心の読みすぎ》

は容易に起こりうる現象だと認識しなければならない。そして，常に頭をすっきりさせてワーキングメモリを低下させないために，ストレスマネジメントに留意する必要がある。さらに，ときに立ち止まって状況を慎重に吟味し，自分の心と相手の心との相違をわきまえるよう努力しなければならない。そうすれば，「相手は自分の気持ちを共有しているに違いない！」という過度の（しばしば誤った）期待を抱き，「なんで自分の気持ちをわかってくれてないんだ！」と（相手にとっては甚だ理不尽な）怒りに駆られ，人間関係上の不毛なトラブルを招かなくても済むかもしれない。今後の研究では，私たち研究者は日常生活の中で《心の読みすぎ》を回避できる人にはどのような認知的または性格的特徴があるのかを探索し，そこから得られた知見を応用して《心の読みすぎ》を低減させる簡便な方法を提案することが求められるだろう。

おわりに

さまざまな人への感謝

　本書は筆者である私が平成 21 年（2009 年）に京都大学大学院教育学研究科に提出した博士論文の一部をもとに，大幅に加筆・修正して書き上げたものである。本書で紹介した実験の中には学術論文として発表したものもある（Maehara & Saito, 2011, 2013; Maehara & Umeda, 2013）。本書の出版に際しては，「平成 25 年度総長裁量経費　若手研究者に係る出版助成事業」の支援を受けた。松本紘総長をはじめ関係者の方々には，ここに謹んで感謝申し上げたい。以下では，私が本書を執筆するにあたって特にお世話になった方々に感謝の言葉を述べたいと思う。

　私の博士論文の指導教員である齊藤智先生（京都大学大学院教育学研究科）は，日本におけるワーキングメモリ研究の第一人者である。本書の研究の大部分は齊藤先生のご指導を受けて実現したものである。先生には心よりの感謝を申し上げたい。しかしながら，私が京都大学の外へ出て「齊藤研究室の出身だ」と名乗ると，私の不勉強さ・未熟さを目の当たりにした人たちに「齊藤先生の弟子がこんなに出来が悪いはずはない」と思われてしまうので非常に申し訳なく，先生には感謝の前に謝罪を示しておかねばならない。先生には，ワーキングメモ

リ研究の核心にある考え方はもちろん，研究という仕事の遂行に必要な技術全般に関して細やかで熱心なご指導をいただいた。またそれだけではなく，研究を生業とする者としての仕事に対する心構え，そして仕事の目標を見失わないことの大切さを学ばせていただいた。博士号をいただき，齊藤研究室を離れてなお，先生の研究に対する真摯な取り組み姿勢を思い出しては，自分の甘さと不真面目さを律する毎日である。

日本における心の理論研究の大家である子安増生先生（京都大学大学院教育学研究科）には，私が博士論文の研究を進める最中に折に触れ，心の理論の理論的・歴史的背景をご教示いただいたことに感謝申し上げたい。本書を読んで心の理論に関して興味を持たれた方は，子安先生の書かれた本や教科書をお読みになることを強く勧めたい。本書の何十倍も勉強になることは間違いないからだ。

本書の最終章では脳に関する話題に少し触れたが，これは梅田聡先生（慶應義塾大学文学部）のもとで勉強させていただいたおかげで書けたものである。博士論文執筆時点の私には脳科学の素養は全くなかった。しかし，神経心理学・脳機能画像研究のエキスパートである梅田先生とその研究室の皆さんに脳研究の基礎から最新の知見までさまざまなことを教えていただき，私は脳研究の勘所を体得することができたと思う。梅田先生とは昼食をご一緒して雑談しているだけでもたいへんな脳科学の勉強になり，その見識の広さと深さにはいつも感嘆させられるばかりであった。また，梅田研究室の柴田みどり先生と寺澤悠理先生のご指導がなかったら，私は脳研究の複雑さと奥深さに挫折して「脳」という単語を本書に書き込むことはなかっただろう。ここに記して感謝申し上げたい。

本書の仕上げは，私が明和政子先生（京都大学大学院教育学研究科）

の研究室に滞在している期間に行った。明和先生ならびに明和研究室の鹿子木康弘先生と吉田千里先生からは，いつも発達心理学の興味深い研究の話を拝聴させていただいた。常に研究に対して真摯な態度で臨まれる先生方にインスパイアされながら本書の仕上げに取り組むことができ，非常にありがたく感じている。

　そして，京都大学学術出版会の永野祥子氏は，私が思いつきもしなかった素晴らしいアイデアと的確なコメントの数々で，本書を読むに耐えられるよう編集してくださった。本書の下敷きである博士論文という類の書物は，完全に学術目的の書物なので，専門家でないと読解できない部分が多々ある。頭の固い私を説きほぐし，本書をここまで読みやすい形に導いてくださったのだから永野氏への感謝なしにはいられない。また，かわいらしくポップなイラストで本書に親しみやすさを与えてくださったイラストレーターの石田尊司氏にもお礼を申し上げたい。

人の心が・わ・か・り・す・ぎ・て・困る私

　本書の「はじめに」で述べたように，私は散髪に失敗して意に沿わない髪型にされてしまい，鬱々とした日々を過ごしていた。本書はそのようにどうしても集中力が阻害されてしまう状況の中で書かれたものなので，本書の出来が悪くてもお許しいただきたい，ということをひと言だけ断っておく。不自然に露出し，禿げあがったように見える私の耳の後ろ部分は変なのできっと目立っていることだろう。それを目撃した学生たちは，心の中で笑っているかもしれない。「何アレ，

耳の後ろ変なんですけど。超ウケるー」とか言っているんじゃないのか。いや，そうに違いない。絶対にそうだ。私はとうとう我慢できなくなり，同僚に私の不安な胸中を打ち明けた。

「みんな僕の耳の後ろの地肌の露出を見て『うわ〜』って思ってるに違いありません」
「……誰も，あんたの後ろ頭なんか気にしとらんわ」
「……」

　私たちは，自分の知っていること，考えていること，感じていることを他人も共有している可能性を過剰に高く見積もってしまい，不安に駆られたり，鬱々としてしまうことが多々あるらしい。私も気をつけたいものである。

引用文献

Abu-Akel, A. (2003). A neurobiological mapping of theory of mind. *Brain Research Reviews, 43*, 29–40.

Ackerman, P. L., Beier, M. E., & Boyle, M. O. (2005). Working memory and intelligence: The same or different constructs? *Psychological Bulletin, 131*, 30–60.

Allison, T., Puce, A., & McCarthy, G. (2000). Social perception from visual cues: Role of the STS region. *Trends in Cognitive Sciences, 4*, 267–278.

Amodio, D. M., & Frith, C. D. (2006). Meeting of minds: The medial frontal cortex and social cognition. *Nature Reviews Neuroscience, 7*, 268–277.

Andrews, G., Halford, G. S., Bunch, K. M., Bowden, D., & Jones, T. (2003). Theory of mind and relational complexity. *Child Development, 74*, 1476–1499.

Apperly, I. A., Samson, D., & Humphreys, G. W. (2005). Domain-specificity and theory of mind: Evaluating neuropsychological evidence. *Trends in Cognitive Sciences, 9*, 572–577.

Apperly, I. A., Samson, D., & Humphreys, G. W. (2009). Studies of adults can inform accounts of theory of mind development, *Developmental Psychology, 45*, 190–201.

Arkes, H. R., Saville, P. D., Wortmann, R. L., & Harkness, A. R. (1981). Hindsight bias among physicians weighing the likelihood of diagnoses. *Journal of Applied Psychology, 66*, 252–254.

Aron, A. M., Robbins, T. W., & Poldrack, R. A. (2004). Inhibition and the right inferior frontal cortex. *Trends in Cognitive Sciences, 8*, 170–177.

Baddeley, A. D. (2007). *Working memory, thought, and action*. Oxford, England: Oxford University Press.（アラン・バドリー（著）．井関龍太・齊藤智・川崎惠里子（訳）．*ワーキングメモリ：思考と行為の心理学的基盤*．誠信書房，2012 年）

Baddeley, A., & Hitch, G. J. (1974). Working memory. In G. H. Bower (Ed.), *The psychology of learning and motivation, Vol. 8* (pp. 47–89). New York: Academic Press.

Baillargeon, R., Scott, R. M., & He, Z. (2010). False-belief understanding in infants. *Trends in Cognitive Sciences, 14*, 110–118.

Baron-Cohen, S. (1995). *Mindblindness: An essay on autism and theory of mind*. Cambridge, MA: MIT Press.

Baron-Cohen, S., Leslie, A. M., & Frith, U. (1985). Does the autistic child have a 'theory of mind'? *Cognition, 21*, 37–46.

Baron-Cohen, S., Wheelwright, S., Hill, J., Raste, Y., & Plumb, I. (2001). The "Reading the Mind in the Eyes" test revised version: A study with normal adults, and adults with Asperger syndrome or high-functioning autism. *Journal of Child Psychology and Psychiatry, 42*, 241–251.

Bartsch, K., & Wellman, H. M. (1995). *Children talk about the mind*. Oxford, England: Oxford University Press.

Bayen, U. J., Erdfelder, E., Bearden, J. N., & Lozito, J. P. (2006). The interplay of memory and judgment processes in effects of aging on hindsight bias. *Journal of Experimental Psychology: Learning, Memory, and Cognition, 32*, 1003–1018.

Bernstein, D. M., Atance, C., Loftus, G. R., & Meltzoff, A. (2004). We saw it all along: Visual hindsight bias in children and adults. *Psychological Science, 15*, 264–267.

Birch, S. A. J., & Bloom, P. (2004). Understanding children's and adults' limitation in mental state reasoning. *Trends in Cognitive Sciences, 8*, 255–260.

Birch, S. A. J., & Bloom, P. (2007). The curse of knowledge in reasoning about false beliefs. *Psychological Science, 18*, 382–386.

Bornstein, B. H., & Emler, A. C. (2001). Rationality in medical decision making: A review of the literature on doctors' decision-making biases. *Journal of Evaluation in Clinical Practice, 7*, 97–107.

Braver, T. S., Cohen, J. D., Nystrom, L. E., Jonides, J., Smith, E. E., & Noll, D. C. (1997). A parametric study of prefrontal cortex involvement in human working memory. *NeuroImage, 5*, 49–62.

Bull, R., Phillips, L. H., & Conway, C. A. (2008). The role of control functions in mentalizing: Dual-task studies of Theory of Mind and executive function. *Cognition, 107*, 663–672.

Capon, A., Handley, S., & Dennis, I. (2003). Working memory and reasoning: An individual differences perspective. *Thinking & Reasoning, 9*, 203–244.

Carlson, S. M., Mandell, D. J., & Williams, L. (2004). Executive function and theory of mind: Stability and prediction from ages 2 to 3. *Developmental Psychology, 40*, 1105–1122.

Carlson, S. M., & Moses, L. J. (2001). Individual differences in inhibitory control and children's theory of mind. *Child Development, 72*, 1032–1053.

Carlson, S. M., Moses, L. J., & Breton, C. (2002). How specific is the relation between executive function and theory of mind? Contributions of inhibitory control and working memory. *Infant and Child Development, 11*, 73–92.

Carlson, S. M., Moses, L. J., & Claxton, L. J. (2004). Individual differences in executive functioning and theory of mind: An investigation of inhibitory control and planning ability. *Journal of Experimental Child Psychology, 87*, 299–319.

Case, R., Kurland, M. D., & Goldberg, J. (1982). Operational efficiency and the growth of short-term memory span. *Journal of Experimental Child Psychology, 33*, 386–404.

Costa, A., Torriero, S., Oliveri, M., & Caltagirone, C. (2008). Prefrontal and temporo-parietal involvement in taking others' perspective: TMS evidence. *Behavioural Neurology, 19*, 71–74.

Cowan, N. (2000). The magical number 4 in short-term memory: A reconsideration of mental storage capacity. *Behavioral and Brain Sciences, 24*, 87–185.

Cowan, N. (2005). *Working memory capacity (Essays in Cognitive Psychology)*. New York: Psychology Press.

Csibra, G. (2003). Teleological and referential understanding of action in infancy. *Philosophical Transactions of the Royal Society B, 358*, 447–458.

Curtis, C. E., & D'Esposito, M. (2003). Persistent activity in the prefrontal cortex during working memory. *Trends in Cognitive Sciences, 7*, 415–423.

Daneman, M., & Carpenter, P. A. (1980). Individual differences in working memory and reading. *Journal of Verbal Learning and Verbal Behavior, 19*, 450–466.

Daneman, M., & Merikle, P. M. (1996). Working memory and language comprehension: A meta-analysis. *Psychonomic Bulletin & Review, 3*, 422–433.

D'Argembeau, A., Ruby, P., Collette, F., Degueldre, C., Balteau, E., Luxen, A., Maquet, P., & Salmon, E. (2007). Distinct regions of the medial prefrontal cortex are associated with self-referential processing and perspective taking. *Journal of Cognitive Neuroscience, 19*, 935–944.

Davis, H. L., & Pratt, C. (1995). The development of children's theory of mind: The working memory explanation. *Australian Journal of Psychology, 47*, 25–31.

Dawson, N. V. (1993). Physician judgment in clinical settings: Methodological influences and cognitive performance. *Clinical Chemistry, 39*, 1468–1480.

Decety, J., & Grezes, J. (1999). Neural mechanisms subserving the perception of human actions. *Trends in Cognitive Sciences, 3*, 172–178.

Diamond, A., & Kirkham, N. (2005). Not quite as grown-up as we like to think: Parallels between cognition in childhood and adulthood. *Psychological Science, 16*, 291–297.

Diamond, A., Prevor, M. B., Callendar, G., & Druin, D. P. (1997). Prefrontal cognitive deficits in children treated early and continuously for PKU. *Monographs of the Society for Research in Child Development, 62 (4)*, Serial No. 252.

Dosch, M., Loenneker, T., Bucher, K., Martin, E., & Klaver, P. (2010). Learning to appriciate others: Neural development of cognitive perspective taking. *NeuroImage, 50*, 837–846.

Duncan, J., & Owen, A. M. (2000). Common regions of the human frontal lobe recruited by diverse cognitive demands. *Trends in Neurosciences, 23*, 475–483.

Durmer, J. S., & Dinges, D. F. (2005). Neurocognitive consequences of sleep deprivation. *Semminers in Neurology, 25*, 117–129.

Engle, R. W., Tuholski, S. W., Laughlin, J. E., & Conway, A. R. A. (1999). Working memory, short-term memory, and general fluid intelligence: A latent variable approach. *Journal of Experimental Psychology: General, 128*, 309–331.

Epley, N., Morewedge, C. K., & Keysar, B. (2004). Perspective taking in children and adults: Equivalent egocentrism but differential correction. *Journal of Experimental Social Psychology, 40*, 760–768.

Epley, N., Waytz, A., & Cacioppo, J. T. (2007). On seeing human: A three-factor theory of anthropomorphism. *Psychological Review, 114*, 864-886.

Espy, K. A., McDiarmid, M. M., Cwik, M. F., Stalets, M. M., Hamby, A., & Senn, T. E. (2004). The contribution of executive functions to emergent mathematics skills in preschool children. *Developmental Neuropsychology, 26*, 465-486.

Fischhoff, B. (1975). Hindsight is not equal to foresight: The effect of outcome knowledge on judgment under uncertainty. *Journal of Experimental Psychology: Human Perception and Performance, 1*, 288-299.

Fischhoff, B. (1977). Perceived informativeness of facts. *Journal of Experimental Psychology: Human Perception and Performance, 3*, 349-358.

Fletcher, P. C., Happé, F., Frith, U., Baker, S. C., Dolan, R. J., Frackowiak, R. S. J., & Frith, C. D. (1995). Other minds in the brain: A functional imaging study of "theory of mind" in story comprehension. *Cognition, 57*, 109-128.

Friedman, N. P., & Miyake, A. (2004). The relations among inhibition and interference control functions: A latent-variable analysis. *Journal of Experimental Psychology: General, 133*, 101-135.

Frith, U., & Frith, C. D. (2003). Development and neurophysiology of mentalizing. Philosophical *Transactions of the Royal Society of London B, 358*, 459-473.

Frye, D., Zelazo, P. D., & Burack, J. A. (1998). Cognitive complexity and control: I. Theory of mind in typical and atypical development. *Current Directions in Psychological Science, 7*, 116-121.

Frye, D., Zelazo, P. D., & Palfai, T. (1995). Theory of mind and rule-based reasoning. *Cognitive Development, 10*, 483-527.

Gallagher, H. L., & Frith, C. D. (2003). Functional imaging of 'theory of mind'. *Trends in Cognitive Sciences, 7*, 77-83.

Gallagher, H. L., Happé, F., Brunswick, N., Fletcher, P. C., Frith, U., & Frith, C. D. (2000). Reading the mind in cartoons and stories: An fMRI study of 'theory of mind' in verbal and nonverbal tasks. *Neuropsychologia, 38*, 11-21.

Garavan, H., Ross, T. J., Murphy, K., Roche, R. P. A., & Stein, E. A. (2002). Dissociable executive functions in the dynamic control of behavior: Inhibition, error detection, and correlation. *NeuroImage, 17*, 1820-1829.

Garcia-Marques, L., Hamilton, D. L., & Maddox, K. B. (2002). Exhaustive and heuristic retrieval processes in person cognition: Further tests of the TRAP model. *Journal of Personality and social Psychology, 82*, 193–207.

Garon, N., Bryson, S. E., & Smith, I. M. (2008). Executive function in preschoolers: A review using an integrative framework. *Psychological Bulletin, 134*, 31–60.

Gathercole, S. E., & Alloway, T. P. (2008). *Working memory and leaning: A practical guide for teachers*. London: SAGE Publications.（スーザン・E・ギャザコール，トレーシー・P・アロウェイ（著）．湯澤正通・湯澤美紀（訳）．ワーキングメモリと学習指導―教師のための実践ガイド．北大路書房，2009年）

Gathercole, S. E., Durling, E., Evans, M., Jeffcock, S., & Stone, S. (2008). Working memory abilities and children's performance in laboratory analogues of classroom activities. *Applied Cognitive Psychology, 22*, 1019–1037.

Gehring, W. J., & Knight, R. T. (2000). Prefrontal-cingulate interactions in action monitoring. *Nature Neuroscience, 3*, 516–520.

Gergely, G., Knadasdy, Z., Csibra, G., & Biro, S. (1995). Taking the intentional stance at 12 months of age. *Cognition, 56*, 165–193.

German, T. P., & Hehman, J. A. (2006). Representational and executive selection resources in 'theory of mind': Evidence from compromised belief-desire reasoning in old age. *Cognition, 101*, 129–152.

Gilbert, D. T., & Osborne, R. E. (1989). Thinking backward: Some curable and incurable consequences of cognitive busyness. *Journal of Personality and Social Psychology, 57*, 940–949.

Gilbert, D. T., Pelham, B. W., & Krull, D. S. (1988). On cognitive busyness: When person perceivers meet persons perceived. *Journal of Personality and Social Psychology, 54*, 733–740.

Gilbert, S. J., Spengler, S., Simons, J. S., Steele, J. D., Lawrie, S. M., Frith, C. D., & Burgess, P. W. (2006). Functional specialization within rostral prefrontal cortex (area 10): A meta-analysis. *Journal of Cognitive Neuroscience, 18*, 932–948.

Gilovich, T., Medvec, V. H., & Savitsky, K. (2000). The spotlight effect in social judgment: An egocentric bias in estimate of the salience of one's own actions and appearance. *Journal of Personality and social Psychology, 78*, 211-222.

Gilovich, T., Savitsky, K, & Medvec, V. H. (1998). The illusion of transparency: Biased assessments of others' ability to read one's emotional state. *Journal of Personality and social Psychology, 75*, 332-346.

Gopnik, A., & Astington, J. W. (1988). Children's understanding of representational change and its relation to understanding of false belief and the appearance-reality distinction. *Child Development, 59*, 26-37.

Gordon, A. C. L., & Olson, D. R. (1998). The relationship between acquisition of theory of mind and the capacity to hold in mind. *Journal of Experimental Child Psychology, 68*, 70-83.

Happé, F. G. E. (1994). An advanced test of theory of mind: Understanding of story characters' thoughts and feelings by able autistic, mentally handicapped, and normal children and adults. *Journal of Autism and Developmental Disorders, 24*, 129-154.

Happé, F. G. E., Winner, E., & Brownell, H. (1998). The getting of wisdom: Theory of mind in old age. *Developmental Psychology, 34*, 358-362.

Harris, P. L., Johnson, C. N., Hutton, D., Andrews, G., & Cooke, T. (1989). Young children's theory of mind and emotion. *Cognition and Emotion, 3*, 379-400.

Hasher, L., Attig, M. S., & Alba, J. W. (1981). I knew it all along: Or did I? *Journal of Verbal Learning and Verbal Behavior, 20*, 86-96.

Hawkins, S. A., & Hastie, R. (1990). Hindsight: Biased judgment of past events after the outcomes are known. *Psychological Bulletin, 107*, 311-327.

Heatherton, T. F., Wyland, C. L., Macrae, C. N., Demos, K. E., Denny, B. T., & Kelley, W. M. (2006). Medial prefrontal activity differentiates self from close others. *Social, Cognitive, and Affective Neuroscience, 1*, 18-25.

Hill, E. L. (2004). Executive dysfunction in autism. *Trends in Cognitive Sciences, 8*, 26-32.

Hodges, S. D., & Wegner, D. M. (1997). Automatic and controlled empathy. In W. Ickes (Ed.), *Empathic Accuracy* (pp. 311-339), New York: Guilford Press.

Hood, B. M., Willen, J. D., & Driver, J. (1998). Adult's eyes trigger shifts of visual attention in human infants. *Psychological Science, 9*, 131-134.

Hughes, C. (1998). Finding your marbles: Does preschoolers' strategic behavior predict later understanding of mind? *Developmental Psychology, 34*, 1326–1339.

板倉昭二（2007）．心を発見する心の発達．京都大学学術出版会．

Jha, A. P., Stanley, E. A., Kiyonaga, A., Wong, L., & Gelfand, L. (2010). Examining the protective effects of mindfulness training on working memory capacity and affective experience. *Emotion, 10*, 54–64.

Jones, P. R. (1995). Hindsight bias in reflective practice: An empirical investigation. *Journal of Advanced Nursing, 21*, 783–788.

Johnson, M. H., & Morton, J. (1991). *Biology and cognitive development: The case of face recognition.* Oxford: Blackwell.

Johnson, S. C. (2000). The recognition of mentalistic agents in infancy. *Trends in Cognitive Sciences, 4*, 22–28.

Johnson, S. C., Slaughter, V., & Carey, S. (1998). Whose gaze will infants follow? Features that elicit gaze-following in 12-month-olds, *Developmental Science, 1*, 233–238.

Kane, M. J., Bleckley, M. K., Conway, A. R. A., & Engle, R. W. (2001). A controlled-attention view of working-memory capacity. *Journal of Experimental Psychology: General, 130*, 169–183.

Kane, M. J., & Engle, R. W. (2003). Working-memory capacity and the control of attention: The contributions of goal neglect, response competition, and task set to Stroop interference. *Journal of Experimental Psychology: General, 132*, 47–70.

Kanner, L., Rodriguez, A., & Ashenden, B. (1972). How far can autistic children go in matters of social adaptation? *Journal of Autism and Childhood Schizophrenia, 2*, 9–33.

Karremans, J. C., Verwijmeren, T., Pronk, T. M., & Reitsma, M. (2009). Interacting with women can impair men's cognitive functioning. *Journal of Experimental Social Psychology, 45*, 1041–1044.

Keenan, T., Olson, D. R., & Marini, Z. (1998). Working memory and children's developing understanding of mind. *Australian Journal of Psychology, 50*, 76–82.

Klingberg, T. (2010). Training and plasticity of working memory. *Trends in*

Cognitive Sciences, 14, 317-324.

Kobayashi, C., Glover, G. H., & Temple, E. (2007). Children's and adults' neural bases of verbal and nonverbal 'theory of mind'. *Neuropsychologia, 45*, 1522-1532.

子安増生・木下孝司（1997）. 〈心の理論〉研究の展望. *心理学研究, 68*, 51-67.

Kristen, S., Sodian, B., Thoermer, C., & Perst, H. (2011). Infants' joint attention skills predict toddlers' emerging mental state language. *Developmental Psychology, 47*, 1207-1219.

Krueger, F., Barbey, A. K., & Grafman, J. (2009). The medial prefrontal cortex mediates social event knowledge. *Trends in Cognitive Sciences, 13*, 103-109.

Kuhlmeier, V., Wynn, K., & Bloom, P. (2003). Attribution of dispositional states by 12-month-olds. *Psychological Science, 14*, 402-408.

Kyllonen, P. C., & Christal, R. E. (1990). Reasoning ability is (little more than) working-memory capacity?! *Intelligence, 14*, 389-433.

Leslie, A. M. (1991). The theory of mind impairment in autism: Evidence for a modular mechanism of development. In A. Whiten (Ed.), *Natural theories of mind: Evolution, development and simulation of everyday mindreading* (pp. 63-78). Oxford: Blackwell.

Lewis, C., Freeman, N. H., Hagestadt, C., & Douglas, H. (1994). Narrative access and production in preschoolers' false belief reasoning. *Cognitive Development, 9*, 394-424.

Lin, S., Keysar, B., & Epley, N. (2010). Reflexively mindblind: Using theory of mind to interpret behavior requires effortful attention. *Journal of Experimental Social Psychology, 46*, 551-556.

MacLeod, A. K., Buckner, R. L., Miezin, F. M., Petersen, S. E., & Raichle, M. E. (1998). Right anterior prefrontal cortex activation during semantic and working memory. *NeuroImage, 7*, 41-48.

MacLeod, C., & Campbell, L. (1992). Memory accessibility and probability judgments: An experimental evaluation of the availability heuristic. *Journal of Personality and Social Psychology, 63*, 890-902.

Maehara, Y., & Saito, S. (2007). The relationship between processing and storage in working memory span: Not two sides of the same coin. *Journal of Memory and Language, 56,* 212−228.

Maehara, Y., & Saito, S. (2009). The processing-storage relationship in working memory span: From a perspective of a representation-based interference view. *Psychologia, 52,* 1−12.

Maehara, Y., & Saito, S. (2011). I see into your mind too well: Working memory adjusts the probability judgment of others' mental states. *Acta Psychologica, 138,* 367−376.

Maehara, Y., & Saito, S. (2013). Cognitive load on working memory both encourages and discourages reasoning bias regarding the mental states of others. *Australian Journal of Psychology, 65,* 163−171.

Maehara, Y., & Umeda, S. (2013). Reasoning bias for the recall of one's own beliefs in a Smarties task for adults. *Japanese Psychological Research, 55,* 292−301.

Maylor, E. A., Moulson, J. M., Muncer, A-M., & Taylor, L. A. (2002). Does performance on theory of mind tasks decline in old age? *British Journal of Psychology, 93,* 465−485.

McArthur, L. Z., & Ginsberg, E. (1981). Causal attribution to salient stimuli: An investigation of visual fixation mediators. *Personality and Social Psychology Bulletin, 7,* 547−553.

McArthur, L. Z., & Post, D. L. (1977). Figural emphasis and person perception. *Journal of Experimental Social Psychology, 13,* 520−535.

McKinnon, M. C., & Moscovitch, M. (2007). Domain-general contributions to social reasoning: Theory of mind and deontic reasoning re-explored. *Cognition, 102,* 179−218.

Meltzoff, A. N. (1995). Understanding the intentions of others: Re-enactment of intended acts by 18-month-old children. *Developmental Psychology, 31,* 838−850.

Mitchell, J. P. (2009). Social psychology as a natural kind. *Trends in Cognitive Sciences, 13,* 246−251.

Mitchell, P., & Lacohee, H. (1991). Children's early understanding of false belief. *Cognition, 39,* 107−127.

Mitchell, P., Robinson, E. J., Isaacs, J. E., & Nye, R. M. (1996). Contamination in reasoning about false belief: An instance of realist bias in adults but not children. *Cognition, 59,* 1–21.

Miyake, A., Friedman, N. P., Emerson, M. J., Witzki, A. H., Howerter, A., & Wager, T. D. (2000). The unity and diversity of executive functions and their contributions to complex "frontal lobe" tasks: A latent variable analysis. *Cognitive Psychology, 41,* 49–100.

Miyake, A., Friedman, N. P., Rettinger, D. A., Shah, P., & Hegarty, M. (2001). How are visuospatial working memory, executive functioning, and spatial abilities related? A latent-variable analysis. *Journal of Experimental Psychology: General, 130,* 621–640.

森口佑介（2012）．わたしを律するわたし：子どもの抑制機能の発達．京都大学学術出版会（プリミエ・コレクション）．

Moses, L. J. (2001). Executive accounts of theory-of-mind development. *Child Development, 72,* 688–690.

Moses, L. J., Carlson, S. M., & Sabbagh, M. A. (2005). On the specificity of the relation between executive function and children's theories of mind. In W. Schneider, R. Schumann-Hengsteler, & B. Sodian (Eds.), *Young children's cognitive development: Interrelationships among executive functioning, working memory, verbal ability, and theory of mind* (pp. 131–145). Mahwah, NJ: Lawrence Erlbaum Associates.

Munakata, Y., Herd, S. A., Chatham, C. H., Depue, B. E., Banich, M. T., & O'Reilly, R. C. (2011). A unified framework for inhibitory control. *Trends in Cognitive Sciences, 15,* 453–459.

Naito, M. (2003). The relationship between theory of mind and episodic memory: Evidence for development of autonoetic consciousness. *Journal of Experimental Child Psychology, 85,* 312–336.

Nickerson, R. S. (1999). How we know, and sometimes misjudge, what others know: Imputing one's own knowledge to others. *Psychological Bulletin, 125,* 737–759.

Nyberg, L., McIntosh, A. R., Cabeza, R., Habib, R., Houles, S., & Tulving, E. (1996). General and specific brain regions involved in encoding and retrieval of events: what, where, and when. *Proceedings of the National Academy of*

Sciences USA, 93, 11280-11285.

Oberauer, K. (2002). Access to information in working memory: Exploring the focus of attention. *Journal of Experimental Psychology: Learning, Memory, and Cognition, 28,* 411-421.

小川絢子・子安増生 (2008). 幼児における「心の理論」と実行機能の関連性：ワーキングメモリと葛藤抑制を中心に．*発達心理学研究, 19,* 171-182.

苧阪満里子・苧阪直行 (1994). 読みとワーキングメモリ容量—日本語版リーディングスパンテストによる測定．*心理学研究, 65,* 339-345.

苧阪直行 (2008). *ワーキングメモリの脳内表現*．京都大学学術出版会．

Otsuka, Y., Osaka, N., Yaoi, K., & Osaka, M. (2011). First-person perspective effects on theory of mind without self-reference. *PLoS ONE, 6,* e19320.

Ozonoff, S., Pennington, B. F., & Rogers, S. J. (1991). Executive function deficits in high-functioning autistic individuals: Relationship to theory of mind. *Journal of Child Psychology and Psychiatry and Allied Disciplines, 32,* 1081-1105.

Perner, J., & Lang, B. (1999). Development of theory of mind and executive control. *Trends in Cognitive Sciences, 3,* 337-344.

Perner, J., & Lang, B. (2000). Theory of mind and executive function: is there a developmental relationship? In S. Baron-Cohen, H. Tager-Flusberg, and D. J. Cohen (Eds.), *Understanding other minds: Perspectives from developmental cognitive neuroscience.* Oxford, England: Oxford University Press.

Perner, J., Leekam, S., & Wimmer, H. (1987). Three-year-olds' difficulty with false belief task: The case for a conceptual deficit. *British Journal of Developmental Psychology, 5,* 125-137.

Perner, J., & Wimmer, H. (1985). "John thinks that Mary thinks that. . .": Attribution of second-order beliefs by 5- to 10-year-old children. *Journal of Experimental Child Psychology, 39,* 437-471.

Premack, D., & Woodruff, G. (1978). Does the chimpanzee have a theory of mind? *Behavioral and Brain Sciences, 1,* 515-526.

Pryor, J. B., & Kriss, M. (1977). The cognitive dynamics of salience in the attribution process. *Journal of Personality and Social Psychology, 35,* 49-55.

Puce, A., & Perrett, D. (2003). Electrophysiology and brain imaging of biological motion, *Philosophical Transactions of the Royal Society B, 358*, 435–445.

Ranganath, C., Johnson, M. K., & D'Esposito, M. (2003). Prefrontal activity associated with working memory and episodic long-term memory. *Neuropsychologia, 41*, 378–389.

Repacholi, B. M. (1998). Infants' use of attentional cues to identify the referent of another person's emotional expression. *Developmental Psychology, 34*, 1017–1025.

Ross, L., Greene, D., & House, P. (1977). False consensus effect: Egocentric bias in social-perception and attribution processes. *Journal of Experimental Social Psychology, 13*, 279–301.

Royzman, E. B., Cassidy, K. W., & Baron, J. (2003). "I know, you know": Epistemic egocentrism in children and adults. *Review of General Psychology, 7*, 38–65.

Russell, J., Mauthner, N., Sharpe, S., & Tidswell, T. (1991). The 'windows task' as a measure of strategic deception in preschoolers and autistic subjects. *British Journal of Developmental Psychology, 9*, 331–349.

齊藤智・三宅晶（2000）．リーディングスパン・テストをめぐる6つの仮説の比較検討．*心理学評論, 43*, 387–410.

Samson, D., Apperly, I. A., Chiavarino, C., & Humphreys, G. W. (2004). Left temporoparietal junction is necessary for representing someone else's belief. *Nature Neuroscience, 7*, 499–500.

Samson, D., Apperly, I. A., Kathirgamanathan, U., & Humphreys, G. W. (2005). Seeing it my way: A case of a selective deficit in inhibiting self-perspective. *Brain, 128*, 1102–1111.

Savitsky, K., & Gilovich, T. (2003). The illusion of transparency and the alleviation of speech anxiety. *Journal of Experimental Social Psychology, 39*, 618–625.

Saxe, R., Carey, S., & Kanwisher, N. (2004). Understanding other minds: Linking developmental psychology and functional imaging. *Annual Review of Psychology, 55*, 87–124.

Saxe, R., & Wexler, A. (2005). Making sense of another mind: The role of the right temporo-parietal junction. *Neuropsychologia, 43*, 1391–1399.

Schmader, T., & Johns, M. (2003). Converging evidence that stereotype threat reduces working memory capacity. *Journal of Personality and Social Psychology, 85*, 440–452.

Schmeichel, B. J. (2007). Attention control, memory updating, and emotion regulation temporarily reduce the capacity for executive control. *Journal of Experimental Psychology: General, 136*, 241–255.

Scholl, B. J., & Tremoulet, P. D. (2000). Perceptual causality and animacy. *Trends in Cognitive Sciences, 4*, 299–309.

Shah, P., & Miyake, A. (1996). The separability of working memory resources for spatial thinking and language processing: An individual differences approach. *Journal of Experimental Psychology: General, 125*, 4–27.

Siegal, M., & Varley, R. (2002). Neural systems involved in 'Theory of Mind'. *Nature Reviews Neuroscience, 3*, 463–471.

Smith, P. K., Jostmann, N. B., Galinsky, A. D., & van Dijk, W. W. (2008). Lacking power impairs executive functions. *Psychological Science, 19*, 441–447.

Stone, V. E. (2005). Theory of mind and the evolution of social intelligence. In J. Cacciopo (Ed.), *Social neuroscience: People thinking about thinking people*. Cambridge, MA: MIT Press.

Stone, V. E., Baron-Cohen, S., & Knight, R. T. (1998). Frontal lobe contributions to theory of mind. *Journal of Cognitive Neuroscience, 10*, 640–656.

Stroop, J. R. (1935). Studies of interference in serial verbal reactions. *Journal of Experimental Psychology, 18*, 643–662.

Stuss, D. T., Gallup, G. G., & Alexander, M. P. (2001). The frontal lobes are necessary for 'theory of mind'. *Brain, 124*, 279–286.

Taylor, S. E., & Fiske, S. T. (1978). Salience, attention, and attribution: Top of the head phenomena. *Advances in Experimental Social Psychology, 11*, 249–288.

Thompson, C. (2003). Clinical experience as evidence in evidence-based practice. *Journal of Advanced Nursing, 43*, 230–237.

Trope, Y., & Gaunt, R. (2000). Processing alternative explanations of behavior: Correction or integration? *Journal of Personality and Social Psychology, 79*, 344–354.

Turner, M. L., & Engle, R. W. (1989). Is working memory capacity task dependent?

Journal of Memory and Language, 28, 127-154.

Tversky, A., & Kahneman, D. (1973). Availability: A heuristic for judging frequency and probability. *Cognitive Psychology, 5*, 207-232.

Van Overwalle, F. (2009). Social cognition and the brain: A meta-analysis. *Human Brain Mapping, 30*, 829-858.

Vogeley, K., Bussfeld, P., Newen, A., Herrmann, S., Happé, F., Falkai, P., Maier, W., Shah, N. J., Fink, G. R., & Zilles, K. (2001). Mind reading: Neural mechanisms of theory of mind and self-perspective. *NeuroImage, 14*, 170-181.

Wellman, H. M., & Bartsch, K. (1988). Young children's reasoning about false beliefs. *Cognition, 30*, 239-277.

Wellman, H. M., Cross, D., & Watson, J. (2001). Meta-analysis of theory-of-mind development: The truth about false belief. *Child Development, 72*, 655-684.

Wellman, H. M., Lopez-Duran, S., LaBounty, J., & Hamilton, B. (2008). Infant attention to intentional action predicts preschool theory of mind. *Developmental Psychology, 44*, 618-623.

Welsh, M. C., Pennington, B. F., & Groisser, D. B. (1991). A normative-developmental study of executive function: A window on prefrontal function in children. *Developmental Neuropsychology, 7*, 131-149.

Wimmer, H., & Perner, J. (1983). Beliefs about beliefs: Representation and constraining function of wrong beliefs in young children's understanding of deception. *Cognition, 13*, 103-128.

Wood, G. (1978). The knew-it-all-along effect. *Journal of Experimental Psychology: Human Perception and Performance, 4*, 345-353.

Woodward, A. L. (1998). Infants selectively encode the goal object of an actor's reach. *Cognition, 69*, 1-34.

Zaitchik, D. (1991). Is only seeing really believing? Sources of true belief in the false belief task. *Cognitive Development, 6*, 91-103.

Zelazo, P. D. (2004). The development of conscious control in childhood. *Trends in Cognitive Sciences, 8*, 12-17.

Zelazo, P. D., & Frye, D. (1998). Cognitive complexity and control: II. The development of executive function in childhood. *Current Directions in Psychological Science, 7*, 121-126.

索　引

[ア行]
後知恵バイアス　23, 111
演算スパンテスト　14

[カ行]
回転スパンテスト　14
下前頭皮質　168, 171
計数スパンテスト　14
顕著性　112
高次認知能力　15
心の理論　9
　　心の理論のワーキングメモリ説　42
誤信念課題　11
　　2次の誤信念課題　29
誤同意効果　92

[サ行]
サリー－アン課題　11
6ボックス課題　16
実行機能　15
自閉症　13, 19
上側頭溝　167, 170
ジョン－メアリー課題　29
数字逆唱課題　20
ストループ課題　15
スポットライト効果　176
スマーティ課題　133
前頭前野皮質　167
側頭頭頂連合　167, 170

[タ行]
単語逆唱課題　16
知識　49

知識の呪縛　23, 92, 154
中央実行系　18
DCCS課題　20
2-back課題　34
透明性の錯覚　92, 176

[ナ行]
内側前頭前野皮質　167, 170
二次課題　34
2次の誤信念課題　29
二重課題　20, 34

[ハ行]
背外側前頭前野皮質　169, 171
花子・太郎課題　49
ヒューリスティック　92
　　利用可能性ヒューリスティック　92
昼/夜ストループ課題　22

[マ行]
目標無視　18

[ヤ行]
優勢反応抑制　15, 22
容量制限　40
予期せぬ移動課題　11, 43
予期せぬ中身課題　134

[ラ行]
リーディングスパンテスト　14
利用可能性　23
　　利用可能性ヒューリスティック　92

[ワ行]
ワーキングメモリ　13, 40
　心の理論のワーキングメモリ説　42
ワーキングメモリスパン課題　14
ワーキングメモリ負荷　62
ワーキングメモリ容量　15

[著者紹介]

前原由喜夫（まえはら　ゆきお）

1981年大阪市生まれ。2004年京都大学教育学部卒業，2006年京都大学大学院教育学研究科修士課程修了，2009年同博士後期課程修了（博士（教育学））。日本学術振興会特別研究員PDを経て，現在，科学技術振興機構ERATO研究員。専門は教育認知心理学。

（プリミエ・コレクション　44）
心を読みすぎる
―― 心の理論を支えるワーキングメモリの心理学　©Yukio MAEHARA 2014

2014年3月31日　初版第一刷発行

　　　　　　　　　著　者　　前　原　由　喜　夫
　　　　　　　　　発行人　　檜　山　爲　次　郎
　　　発行所　　京都大学学術出版会
　　　　　　　　　京都市左京区吉田近衛町69番地
　　　　　　　　　京都大学吉田南構内（〒606-8315）
　　　　　　　　　電話（075）761-6182
　　　　　　　　　FAX（075）761-6190
　　　　　　　　　URL　http://www.kyoto-up.or.jp
　　　　　　　　　振替　01000-8-64677

ISBN978-4-87698-396-4　　　印刷・製本　㈱クイックス
Printed in Japan　　　　　　　イラスト　石田　尊司
　　　　　　　　　　　　　　　装丁　　　谷　なつ子
　　　　　　　　　　　　　　　定価はカバーに表示してあります

本書のコピー，スキャン，デジタル化等の無断複製は著作権法上での例外を除き禁じられています。本書を代行業者等の第三者に依頼してスキャンやデジタル化することは，たとえ個人や家庭内での利用でも著作権法違反です。

プリミエ・コレクション

2 問いとしてのスピリチュアリティ
――「宗教なき時代」に生死を語る
林 貴啓

生きる意味，死後の運命といったスピリチュアルな問題。長らく宗教が扱ってきたが「問い」「答え」の二つの面に分け，誰でも当たり前に語れる道を探る。　3200円

3 「語り合い」のアイデンティティ心理学
大倉得史

人間は青年期にどのようなプロセスを経てアイデンティティを確立するのか。青年たちとの真摯な語り合いにより，質的分析から新たな知を切り拓く。　3800円

4 デカルトの方法
松枝啓至

「われ思う，ゆえにわれ在り」の結論から形而上学，自然科学を基礎づける論証に誤りはあるのか――デカルト哲学の本質にせまる。　3200円

5 臨床教育と〈語り〉
――二宮尊徳の実践から
中桐万里子

教育や子育てのために，マニュアル的な対応でない新しい手がかりを二宮尊徳に求めて，日常生活を再発見する臨床教育学を提唱する。　3600円

10 シュタイナー「自由」への遍歴
――ゲーテ・シラー・ニーチェとの邂逅
井藤 元

難解で定評のあるシュタイナーの思想について，ゲーテ，シラー，ニーチェに関する解釈を読み解くことで，その本質を明らかにする。　4400円

14 『純粋理性批判』の方法と原理
――概念史によるカント解釈
渡邉浩一

『純粋理性批判』を「批判」「仮説」「実験」「多様」「表象」「形象」という6概念の分析を通じて，従来とはまったく異なる手法で読み解く。　3400円

15 ベルクソン哲学と科学との対話
三宅岳史

エントロピー概念と非可逆性の問題など，科学が語り残した課題についてベルクソンはどのように語ったのか。最先端の科学の知見による再評価の試み。　3000円

16 美と深層心理学
東畑開人

至高の美や容姿へのこだわり…。こころは美を病み，美に癒される。「表面」をまなざす深層心理学は可能か。心理療法の立場から探究する。三島由紀夫論も。　2800円

17 「記憶違い」と心のメカニズム
杉森絵里子

外出した先で，家の鍵をかけたか不安になる…誰もが日常に経験するこうした「記憶違い」の謎に，認知科学の視点から迫る。　1900円

表示価格は税別

プリミエ・コレクション

18 わたしを律するわたし
――子どもの抑制機能の発達
森口佑介

子どもが自分の行動や衝動を抑える能力（抑制機能）を身につける過程とその発達的意義について，実験心理学の立場から多角的に検討する。　2400円

19 デフォーとイングランド啓蒙
林　直樹

デフォーの生きた初期近代ヨーロッパを背景におきつつ，ブリテンが大国へ変貌するさまを描出する。事実認識に傾注した綿密な思想史学。　3600円

24 社会体の生理学
――J・S・ミルと商業社会の科学
川名雄一郎

未刊に終わった「社会の科学」構想――浩瀚な資料による同時代的比較からその壮大な全体像を紡ぎ出す。
第1回名古屋大学水田賞受賞作　3800円

27 アダム・スミスの近代性の根源
――市場はなぜ見出されたのか
野原慎司

「市場」が前提する経済社会とはどのようなものであり，なぜアダム・スミスにより見出されたのか。彼の社会観の独自な画期性を示す。　3800円

29 存在論と宙吊りの教育学
――ボルノウ教育学再考
井谷信彦

ハイデガーの思想を応用したボルノウの教育学を批判的に検討し，有用性や価値に還元できない人間存在を扱う新しい教育学を構想する。　6600円

30 人生の意味の心理学
――実存的な問いを生むこころ
浦田　悠

その難しさゆえに敬遠されがちであった人生の意味の問題。哲学・心理学の知見を融合し，質的・量的分析およびモデル構成による新しいアプローチで挑む。　4400円

38 動物の錯視
――トリの眼から考える認知の進化
中村哲之

私たちの眼はだまされる。では動物たちはどうだろう？　鳥類を用いた実験から，動物の錯視現象の驚くべき多様性を明らかにする。　2400円

43 フリッツ・イェーデの音楽教育
――「生」と音楽の結びつくところ
小山英恵

音の流れと青少年の心の内面とが一体となることで，音楽が人格形成に役立つことを主張したイェーデに関するわが国で初めての研究。　3400円

48 動物の計画能力
――「思考」の進化を探る
宮田裕光

思考能力はどのように進化したのだろうか。系統位置や脳構造がヒトと大きく異なる鳥類の計画能力についての実験をヒントに考える。　3200円

表示価格は税別